裁判例を活用した

法教育
実践ガイドブック

法と市民をつなぐ弁護士の会 編

発行 民事法研究会

はしがき

　「法の価値や法的な考え方を市民に伝えたい」。この本を執筆した私たち弁護士は、その思いをもって法教育に携わってきました。

　法は自由や公正という価値のもと、人々の共生を図る社会の枠組みです。社会の枠組みを知ることにより人はその人生をより豊かにできるはずであり、また法の価値が広く理解されることにより、立憲民主主義の社会がより発展するはずです。私たちは、法教育にそのような意義を見出して活動しています。

　私たちが、本書において初めて挑戦したのは、裁判例を通じて「法の価値や法的な考え方を伝える」ことでした。

　これまでにも、裁判例を解説した本や雑誌はいくつも存在しています。それらは、法律専門家や大学の法学部生向けのものです。

　しかし、そもそも法は、私たちが生活している社会のルールですし、裁判は、私たちの社会的営みの中で生じた法的問題を解決するものです。とすれば、法や裁判は、法律専門家や法学部生だけのものではないはずです。この社会で生活する市民一人ひとりのものなのです。

　私たち弁護士は、日々、問題を抱えて悩んでいる方に法的サービスを提供することを通じて、法と市民の架け橋であろうとしています。そうであるならば、私たち弁護士が、裁判例の解説を通じて法の価値や法的な考え方を市民向けにわかりやすく伝えよう、そんな意気込みでこの本を執筆しました。とりわけ、これからの社会を担う中学生や高校生が、学校で法や裁判のことを学ぶ手助けになればと思っています。

　裁判例を法教育の視点で解説したものは、おそらく、本書が日本で初めてだろうと思われます。

　多くの方は、法や裁判に対して、一義的に答えが出るものとイメージ

はしがき

されているかもしれません。しかし必ずしもそうとは限らないことを、本書を通じて理解していただくとともに、身の回りや社会の課題について、法の価値を踏まえた議論を通じて答えを定めていくことが必要であると感じていただければと思います。

　私たち一人ひとりのそのような取組みを通じて、より自由で公正な民主主義社会が育まれるのだと思います。

　裁判は、一般市民の方には耳慣れない法律用語や法律知識を前提に行われます。私たちは、裁判で問題となっている細かな法律知識や争点ではなく、その裁判の本質にある法の価値や法的な考え方をいかに骨太に、そして平易に伝えていくのか、そのことに最も腐心してこの本を執筆しました。初めての挑戦ということもあり、そのねらいがどれだけ成功しているのか不安がないわけではありませんが、この本を手に取っていただいた皆さんが、少しでも法についての理解を深めることができれば幸いです。

　また、そのようなねらいを達成するため、裁判例を紹介する際には、事案の概要や判旨をかなり大雑把にまとめました。本書の趣旨からご理解いただければと思います。

　本書の企画・立案段階では、当時、弁護士として私たちと同じ法教育活動をしていた黒澤圭子さん（現在、東京高等裁判所判事）から、さまざまな助言をいただきましたことをご紹介いたします。

　最後に、民事法研究会の南伸太郎さんには、編集会議において、有益な視点と助言をいただきました。それぞれに仕事をもつ私たち弁護士が本書を完成できたのは、ひとえに南さんの温かく的確なサポートがあったからにほかなりません。この場を借りて御礼申し上げます。

　　平成26年10月吉日

執 筆 者 一 同

はしがき

■この本を利用される皆さんへ■

　この本は、法律専門家でない方を主な読者と想定しています。成人の方はもちろん、高校生、もしかしたら中学３年生くらいまでであれば読み進めていただけるのではないかと考えています。

　また、中学校や高等学校の教師が、授業で裁判例の本質をわかりやすく生徒に伝えるための実践的な手引書として活用できることもねらいとしています。もともとこの本を企画した契機は、中学校や高等学校で裁判例をわかりやすく伝えるために役立つ本をつくりたいという点にありました。そのため、各テーマには「板書例」や「メモ欄」を設け、理解の促進や授業を実施する際に活用する情報の整理や備忘録となるように工夫してみました。

　さらに、学校に出向いて法教育の授業を行う法律実務家が、「子どもたちに興味をもってもらうためには、どのような素材・テーマを選べばよいのか」、「子どもたちに討論をさせるときには、具体的にどのような視点に着目すればよいのか」について悩んだときの手引書になればと思っています。

　本書を通じて、読者の皆さんの法や裁判に関する理解が少しでも深まれば幸いです。

序　章　「正しいこと」は変化する

「正しいこと」は変化する　/2

> 本書が伝えたいこと〔非嫡出子相続分違憲無効事件〕
> ＊利益や負担を分けるときには「正しく」分けることが大切なことを確認する。
> ＊「正しいこと」の評価は社会の変化によって変わってくることを、最高裁判所の判例変更を題材に考える。

第1章　私たちの生きる社会

人と社会の関係を考える　/14

> 集団におけるものごとの決め方〔ブルドックソース買収防衛策事件〕
> ＊集団でものごとを決めるときの一般的な基準について理解する。
> ＊集団でものごとを決めるときの基準へのあてはめは、構成員の立場や価値観によって考え方が異なる場合があることを知る。

目　次

望ましいルールの基準について考える　/26

基準は明確なのか？　結論は妥当なのか？〔ロクラクⅡ事件〕
＊望ましいルールかどうかを判断するメルクマールとして、①明確な基準かどうか、②基準をあてはめたときの結論が妥当かどうかという視点があることを学ぶ。

約束の意義を考える　/38

あとから事情が変わったら？〔ゴルフクラブ会員権等存在確認請求事件〕
＊約束（合意）はどうして守らなければならないかを理解する。
＊約束（合意）を守る必要のない場合とは、どんな場合かを考える。

第2章　対立する立場の調整

人権の衝突について考える　/50

表現の自由とプライバシー権〔「石に泳ぐ魚」事件〕
＊表現の自由、プライバシー権の重要性について理解する。
＊表現の自由の行使により、プライバシー権が侵害された場合の解決の視点を知る。

目 次

損害の公平な分担について考える　/62

加害者と被害者〔首長(くびなが)事件〕
* 誰かに発生した損害を、誰が、どの範囲で負担するかについては、公平の観点から考える必要がある。
* 何が公平であるかは一義的に定まっているものではなく、さまざまな事情を考慮しながら決めていく必要がある。

契約と権利濫用について考える　/72

使用者と労働者〔横浜商銀信用組合事件〕
* 労働者と使用者との間の契約について理解する。
* 使用者の解雇する権利と労働者の不利益の調整方法を知ることを通じて、権利の濫用について理解する。

第3章　立憲主義

基本的人権を考える(1)　/84

社会は人とどのようにかかわるのか〔君が代起立斉唱拒否事件〕
* 基本的人権を侵害する制約は認められないことを理解する。
* 基本的人権を侵害しているか否かを判断する際には、判断する人の価値判断が介在することを知る。

目　次

基本的人権を考える(2)　／94

人権の生成〔1票の格差事件〕
＊1票の価値の平等がどこまで要求されるのか、人口的要素の
ほかに考慮すべき要素があるのかを考える。
＊人権の普遍性の意義について理解する。

権力相互のあり方を考える　／108

立法・行政と司法の役割分担〔朝日訴訟事件〕
＊日本国憲法は国民一人ひとりが幸福になれるように個人の尊
厳を理念とし、基本的人権の尊重をその基本原理の一つとし
ているところ、ここでは生存権とは何かを理解する。
＊立法・行政と司法の役割分担を理解しながら、両者の調整に
よってどのように生存権を実現していくべきかを考える。

国民の司法参加を考える　／120

公正な裁判と国民参加の関係〔裁判員制度合憲事件〕
＊日本国憲法上、国民主権原理と裁判とはどのような関係にあ
るのかを理解する。
＊そのうえで、日本国憲法が適正な刑事裁判を実現するために
さまざまな人権規定をおいていることに気づき、立憲主義と
いう考え方を理解する。

・執筆者略歴　／132

序　章　「正しいこと」は変化する

「正しいこと」は、唯一絶対なのでしょうか。
　科学的な法則により求められるものには、唯一絶対の結論（＝正解）があるといえるかもしれません。しかし、社会のあり方について、唯一絶対の結論はないはずです。つまり「正しいこと」は一義的に定まってはいないのです。

　この章では、【非嫡出子相続分違憲無効事件】を取り上げて、嫡出子と非嫡出子の相続分に差異を設けていた民法の規定が、日本国憲法14条（平等権）に違反するとして争われた裁判例を通じて、「正しい」結論とは何かを考えていきます。また、社会の見方・考え方の視点として、配分的正義（利益や負担を「正しく」分けること）や個人の尊重という概念を紹介します。
　この章を通じて、本書の基本的なコンセプトをお伝えすることができれば幸いです。

序　章　「正しいこと」は変化する

「正しいこと」は変化する
〜本書が伝えたいこと〜
── 非嫡出子相続分違憲無効事件 ──
(ひちゃくしゅつし)

●ここでの学習目標●

1　利益や負担を分けるときには「正しく」分けることが大切なことを確認する。
2　「正しいこと」の評価は社会の変化によって変わってくることを、最高裁判所の判例変更を題材に考える。

プロローグ

　お兄ちゃんの誕生祝いのデコレーションケーキを切り分けるとき、お兄ちゃんのケーキと妹のケーキは同じ大きさですか？　それとも違いますか？　きっと、同じ大きさに分ける家があれば、お兄ちゃんのほうを多くする家もあるでしょう。どちらの分け方であっても、子どもたちは親の説明を聞いて、その分け方が「正しい」と考えて「納得」します（多少不満を言うことはあるかもしれませんが）。

　何かを分けるとき、この「正しいと考えて納得すること」はとても大切なことです。「納得」、そしてその前提として「正しさ」を感じることができないと、人々は不満を感じ、そのような社会は、全体として不安定になっていくのです。

　この何かを「正しく」分けるという話を、分け与えられる人の立場で考えると、「平等に扱え」という主張となります。「平等」を素朴に考

ると、「同じ」に扱うということになりそうです。確かに、一人ひとりを尊重する個人の尊厳の考え方からすれば、前提事情が同じであれば、「平等」＝「同じ」ということになりそうです。

しかし、ものごとはそう単純ではありません。なぜなら、比べる対象となる人は、その人の生い立ち、現在おかれている環境や社会的立場、能力など、具体的にみていくと、一人ひとりの事情は随分と異なるからです。したがって、異なっている人を「平等」に扱う、ということは実はとても難しいことなのです。

ここで取り上げる裁判例では、親が死亡したとき、親の遺産を子どもたちがどのように分けるのが「正しい」のか、という問題です。人は、生前、自分が死んだときに、自分の財産をどのように分けるかを遺言で決めておくことができます。では、遺言を残さずに死んだ場合に遺産をどのように分けるのか、民法900条は、その場合の遺産の分け方を法律で定めています（これを「法定相続分」といいます）。今回の裁判は、この法定相続分の規定が、日本国憲法14条の平等権に反するのではないかとして争われた事案です。

事案の概要

Aさんには、結婚した妻Bさんとの間の子Cさん（法律上「嫡出子（ちゃくしゅつし）」といいます）と、婚姻関係にないDさんとの間の子Eさん（法律上「非嫡出子（ひちゃくしゅつし）」といいます）がいました。

Aさんは、遺言を残さずに死亡したため、Aさんの遺産は民法900条に基づき法定相続分に従って分けられることとなりました。民法900条

4号ただし書は、非嫡出子の法定相続分は嫡出子の法定相続分の2分の1と定めています（なお、この規定は、今回の判決が出た後の平成25年12月5日に非嫡出子の相続分を嫡出子のそれと同じにする内容に

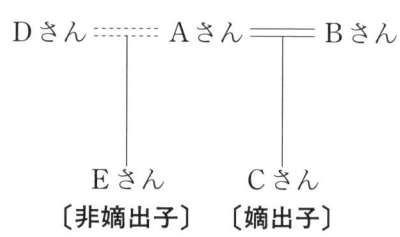

改正されました）。そこで、Cさんの2分の1しか遺産を相続することができないEさんが、「嫡出子と非嫡出子で相続分を異にしている民法900条4項ただし書は、日本国憲法14条の平等権に反して違憲となり、無効である」として訴えました（最高裁判所平成25年9月4日決定〔非嫡出子相続分違憲無効事件〕を基に作成）。

判示した内容

➡ これまでの最高裁判所の判断（前提）

　非嫡出子の法定相続分を嫡出子の2分の1にする規定は、「家」制度を支えていた戦前の家督相続時代の民法にもありました。戦後の昭和22年に改正された現行民法は、家督相続を廃止して配偶者および子が相続人となることを基本としましたが、この非嫡出子に関する法定相続分の規定は、民法900条4項ただし書として、そのまま引き継がれることとなりました。

　この民法900条4号ただし書が日本国憲法14条に違反するとして訴えた裁判は、今回の裁判の前にもありましたが、最高裁判所は、日本国憲法14条には反しないと判断していました。その理由の概要は、民法900条4項ただし書の趣旨は、嫡出子の立場を尊重するとともに、非嫡出子にも一定の相続分を認めてその保護を図るものであるところ、この規定

は、わが国が採用する法律婚（結婚に法律上の手続を要求する制度）の尊重と非嫡出子の保護の調整を図ったものとして合理的であるというものでした。

➡ 今回の裁判所の判断

最高裁判所は、昭和22年に民法が改正された当時と、現在の社会情勢が違うことを細かく分析し、Aさんが死亡した時点では、民法900条4号ただし書は日本国憲法14条に違反するとしました。

具体的には、①昭和22年当時は、相続財産は嫡出の子孫に承継させたいとする気風や、法律婚を正当な婚姻とし、これを尊重し、保護する反面、法律婚以外の男女関係、あるいはその中で生まれた子に対する差別的な国民の意識が作用していたことがうかがわれるとともに、②この頃は諸外国でも嫡出子と非嫡出子との間に相続分の差異を設けていたものが多かった、と分析しました。

しかし、その後、①戦後の経済発展に伴って核家族化が進み、高齢化と相まって相続財産の意味が従前の子孫の生活保障の手段から生存配偶者の生活保障の手段に変化をしたこと、②非嫡出子の増加傾向、晩婚化、非婚化、少子化の進展や離婚件数・再婚件数の増加など家族形態が多様化したこと、③これに伴って婚姻や家族に対する国民の意識が変化したこと、④諸外国では非嫡出子の相続分を嫡出子のそれと同じに扱うようになったこと、⑤民法900条4号ただし書は、日本が批准した条約の内容と抵触していること、⑥住民票や戸籍などにおいて嫡出子と非嫡出子との区別をなくすなどの法制等の変化があったことなどをあげ、これらを総合的に考察すれば、家族という共同体の中における個人の尊重がより明確に認識されてきたことは明ら

かであるとしました。そして、法律婚という制度自体はわが国に定着しているとしても、このような認識の変化に伴い、法律婚制度の下で父母が婚姻関係になかったという、子にとっては自ら選択ないし修正する余地のない事柄を理由としてその子に不利益を及ぼすことは許されず、子を個人として尊重し、その権利を保障すべきであるという考えが確立されてきているものということができるので、遅くともAの相続が開始した平成13年7月当時においては、嫡出子と嫡出でない子の法定相続分を区別する合理的な根拠は失われていたと判断しました。

裁判所の考え方と法教育的な視点

　利益や負担を「正しく」分けることを、配分的正義の問題といいます。配分的正義は、社会、すなわち人々の間に公平な関係性をつくるものであり、これが損なわれると人々は不満や不安を感じます。人々が不満や不安を感じるようになると、社会全体が不安定になり、場合によっては混乱します。つまり、利益や負担を正しく分けることは、社会全体の幸福を保障する秩序を守ることであり、その重要性は社会や文化の違いを超える普遍性を有しているといわれています。

　ところで、利益や負担を配分する際に、どのような基準（ものさし）に基づいて配分的正義を実現すべきかについては一義的に定まっているものではなく、社会や時代によって異なってきます。この基準について、現在は、「必要性」（必要に応じて配分する）、「適格性」（ふさわしさに応じて配分する）、「能力」（能力に応じて配分する）の三つが一般に承認されています。

　前述のとおり、民法900条4項ただし書は、家督相続制度を採用していた戦前の民法の規定をそのまま引き継いだものでした。農家をイメー

「正しいこと」は変化する

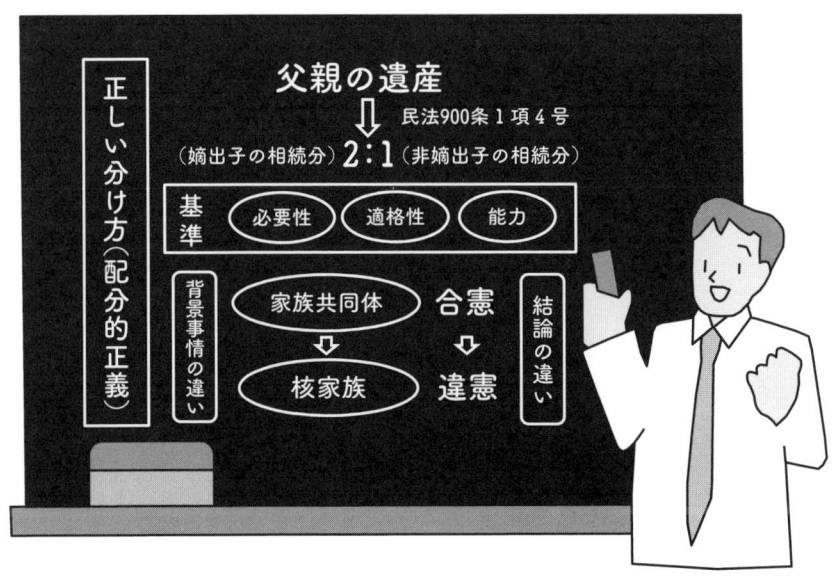

ジするとわかりやすいと思いますが、先祖から相続した農地を家族全員で耕作し、その収益は家長である父親名義に集中させて家族は生活していました。そして、父親が死亡すると長男が父親名義の財産を相続し、長男の下で家族の生活が引き続き営まれていきました。こういう家族形態は、戦前だけでなく、戦後間もない昭和22年の民法改正時にも色濃く残っていました。そのような社会であれば、父親名義の財産は、実質的には家族全員で形成したものですので、財産形成に寄与した嫡出子は、家族の代表として父親の財産を相続する「適格性」があるといえるでしょう。また、家族全体で築いた財産はすべて父親名義になっているのですから、父親名義の財産が散逸してしまうと、家族は生活の基盤を失い困窮することになりますので、父親名義の財産を嫡出子に相続させる「必要性」が認められるともいえるでしょう。このような状況下では、家族の構成員である嫡出子に対し、非嫡出子よりも多くの財産を相続させることが「正しい」（＝正義）と評価されることになります。

ところが、この判決が指摘するとおり、戦後、家族のあり方は大きく変わりました。都市化の流れの中で核家族化が進み、子どもは学校教育を終えると家を出ていくようになりました。そうなると、必ずしも嫡出子が親名義の財産形成に貢献しているとはいえなくなりますし（つまり「適格性」が乏しくなります）、子どもは自分で稼いだ財産を自分名義で保持して生活する力をつけていくことから、嫡出子に親名義の財産を相続させる「必要性」も乏しくなります。そもそも結婚しなかったり、結婚しても離婚する人が増えるなど、家族というものが、戦前のそれのような画一的で固定的なものではなくなり、それに伴って人々の家族に対する意識も変化していきました。

　そうなると、嫡出子と非嫡出子の相続分に区別を設けるだけの合理的理由となる前提事情は、戦後間もない頃とはずいぶん変化したといえます。嫡出子であろうと非嫡出子であろうと死亡した親の子どもであることは同じですから、一人ひとりを個人として尊重する日本国憲法の考え方に照らせば、嫡出子と非嫡出子の相続分に区別を設けることは、今の時代では「正しくない」としたのが裁判所の判断なのです。

判例を振り返って

　一般に、裁判所の判断は「正しい」と思われています。しかし、今回の裁判で学んだとおり、その裁判所の判断も普遍的なものではなく変わるのです。この裁判を通じて皆さんに理解していただきたいのは、「唯一絶対に正しい」ということなどない、ということです。

　このように、「唯一絶対に正しい」ことがないとしても、私たちが社会で生活していく以上、問題に直面したときに、社会全体で問題を解決する「正解」を定める必要が生じます。そうしなければ、いつまでも問

題を解決できず、社会全体が混乱するからです。

　「正解」を定めるときに大切なことは、皆の「納得」であり、配分的正義に関していえば、皆が納得する視点として前述の「必要性」「適格性」「能力」が有用です。たとえば、学校の各部活の予算をどのように配分するかを例に考えてみましょう。お金がかかる活動か否かは「必要性」にかかわる要素、全国大会優勝など好成績を収めたかどうかは「適格性」にかかわる要素、これから好成績をあげられそうな人材や指導者がいるというのは「能力」にかかわる要素です。考慮する要素として何が妥当なのか、また現実の事情をどの程度考慮するのかは、結局のところ、皆の「納得」を得られるかどうという観点から学校によって異なることでしょう（たとえば、公立学校で成績を考慮することは、納得を得られにくいように思われます）。

　このような各要素の活用とともに忘れてはいけない視点は、今回の判例が強く言及している「個人の尊重」です。一人ひとりを平等に尊重するうえで、配分に差異を認めていいのかを考えることが大切となります。

　以上の視点を用いて、問題について皆で知恵を出し合いながら解決していく社会を築いていきたいところです。

本書が伝えたいこと
〜まとめに代えて〜

　私たちが「正しい」と考えていることも、時の移り変わりとともに変わることがあります。また、日本で「正しい」と思っていることでも、

海外では別の結論になることもあるでしょう。

　法教育の対象は、人と社会の関係です。今回の判例で取り上げた「配分的正義」や「個人の尊厳」は普遍的な価値といえるでしょうが、それを人と社会の具体的な場面にあてはめた場合に、「正しい」結論が一義的に定まっているわけではありません。

　本書では、実際に争われた裁判の事案を題材に、判断の基準となる普遍的な価値を説明するとともに、事案によっては裁判所の判断とそれに反対する立場を対比して、結論が一義的ではないことを示しています。私たちが社会の問題を判断するうえでどのような基準を用いることになるのか、また、基準が同じであったとしても一義的に結論が導かれるわけではないこと、そして結論を出す際にどのような価値判断が影響しているか、などを具体的に検討することを通じて、「正しい」結論とは何かを皆さんといっしょに考えていきたいと思います。

(村松　剛)

MEMO

MEMO

第1章　私たちの生きる社会

　私たちは社会とかかわりながら生きています。そこで、序章に続くこの章では、人と社会の関係を「法という眼鏡」を通じてもう一度見つめ直してみることにしました。また、できるだけ、社会の基本的な枠組みを理解しやすいように工夫してみました。

【ブルドックソース買収防衛策事件】
　この事件では、集団が意思決定をする基準について理解したうえで、具体的な問題では、判断する人の価値観が結論に影響してくることをみていきます。裁判や法というと、機械的に答えが出るものと誤解されている向きもあるように思われますが、実はそうではないということを知ってもらえればと思います。

【ロクラクⅡ事件】
　集団が行う意思決定の典型はルールです。ルールは、社会のさまざまな人の利害を調整し、人々が共に生きていくための道具です。ルールは明確で一義的であることが望ましいとされていますが、他方で、それを具体的な事案にあてはめたとき、結論は妥当でなければなりません。
　この事件において、裁判所は、テレビ放送の録画が著作権侵害にあたるかが争われた事案を通じて、ルールの明確性と結論の妥当性について悩みました。ルールがあっても必ずしも結論が一義的に導かれるわけではないことをみていきます。

【ゴルフクラブ会員権等存在確認請求事件】
　私たちは、さまざまな約束を取り交わして社会生活を営んでいます。「約束は守らなければならない」、誰でも幼いときからそう言われて育ったはずです。そこでここでは、法的な約束である「契約」の拘束力が争われた事案を通じて、「なぜ約束は守らなければならないのか」について、倫理的な視点からではなく法的視点から確認していきます。

第1章 私たちの生きる社会

> # 人と社会の関係を考える
> ～集団におけるものごとの決め方～
> ──ブルドックソース買収防衛策事件──

●ここでの学習目標●
1　集団でものごとを決めるときの一般的な基準について理解する。
2　集団でものごとを決めるときの基準へのあてはめは、構成員の立場や価値観によって考え方が異なる場合があることを知る。

プロローグ

➡ 集団とは

　家族、友だち、会社、クラブ、町内会、自治体、国……、その規模はさまざまですが、世の中には無数の集団があります。子どもたちが所属する学校も一つの集団ですし、その学校の中にも、さらに、クラス、部活動、生徒会、あるいは仲良しグループ、LINE やオンラインゲームなどのインターネット上のグループなど、多くの集団があります。子どもたちは、こうした多数の集団での活動を通じて、集団の意義やしくみを学んでいくことになります。

　このように、人は一人で生きているわけではなく、常に何らかの集団を形成し（所属し）、集団とかかわりながら生活や勉強、仕事をしています。そこでここでは、集団について考えてみようと思います。集団ということばを使っていますが、団体、組織、社会、あるいは単に集まりといったことばに置き換えてもかまいません。

人と社会の関係を考える

◆ ものごとを決める基準と手続

　集団としての意思や方針を決めるとき、何を基準に決めたらよいのでしょうか。このことを考えるうえで、なぜ人が集団をつくるのかにまで遡って考えてみましょう。

　集団をつくるのは、一人よりたくさんいたほうがおもしろいという理由かもしれませんし、サッカーや野球などのスポーツであればそもそも人を集めないと試合もできないといった理由もあります。あるいは、仲間といっしょであれば、嫌な相手と会ったときでも心強い、ということもあるかもしれません。このことから、集団は、その構成員の希望（行いたいことや求めるもの）や安全を実現するため、つまり「構成員のため」につくられていることがわかります。

　このように集団が「構成員のため」につくられているとなると、集団において、ものごとを決める基準は、「構成員にとって最も利益になるように」ということになります。

第1章　私たちの生きる社会

　ところが、もう一歩踏み込んで実際の場面を観察してみると、何が「構成員にとって最も利益」なのかは、構成員の立場や考え方によって異なり、簡単に決められないことがあります。

　ここで取り上げる判例は、株式会社を舞台にそうしたことが問題となった事案です。

事案の概要

　外国の投資ファンドのスティール社（以下、「スティール」といいます）は、ブルドックソース株式会社（以下、「ブルドック」といいます）の発行済み株式の約10％を保有していました。スティールは、ブルドックが発行するすべての株式の取得を目的として、ブルドックの全株主に対し、当時の相場よりかなり高い1株あたり1584円で買うことを表明しました（これを「TOB」(公開買付け) といいます）。

　これに対し、ブルドックの経営者（社長）は、スティールが株を買い占めることは、会社の価値が損なわれ株主の共同利益に反すると考え、スティールの持ち株割合を増やさないための対抗策として、次の買収防衛策を発表しました。

1　TOB（公開買付け）：Take Over Bid の略で、株式公開買付けのこと。ある企業の株式を大量に取得したい場合に、新聞広告などを使って一定の価格で一定の期間に一定の株数を買い取ることを表明し、当該企業の株式をもっている不特定多数の株主から、証券取引所を介することなく、直接に株式を取得する方法のこと。
2　買収防衛策：ある企業の株式を大量に購入しようとする者が現れた場合に、その企業が買収を逃れるためにとる措置の総称。発行済み株式総数の過半数を取得した者がその会社の経営権を掌握できることから、買収の対象となった企業は、買収行為から現在の体制を守ろうとして買収防衛の措置を講じることがある。

人と社会の関係を考える

> ① すべての株主に対し、1株につき3個の新株予約権[3]を無償で発行する。よって、3個の新株予約権を行使した株主は、以前からもっていた株とあわせて合計4株をもつことになる。
> ② しかし、スティールだけは受け取った新株予約権を行使できない（つまり以前からもっている1株のまま）。
> ③ ②の代わりに、スティールは、ブルドックに対して新株予約権を売ることができる。その価格は、新株予約権1個につき396円（以前からもっていた1株と付与された新株予約権3個で計算上合計1584円となり、スティールの公開買付け価格と一致する）。

その後に開かれたブルドックの株主総会は、この買収防衛策を圧倒的多数で承認しました。

スティールは、「スティールだけ新株予約権の行使を認めない決議は、株主間の平等に反する」などとして、防衛策の発動差止めを裁判所に申し立てました（最高裁判所平成19年8月7日決定〔ブルドックソース買収防衛策事件〕を基に作成）。

判示した内容

● はじめに

株式会社では、株主をその有する株式の内容および数に応じて平等に取り扱う「株主平等の原則」が採用されています。この原則は、株主が、出資という形で株式会社の事業に参加・貢献していることから、株式会社では、株式の内容および数に応じて取り扱うことが公平であるとの考えに基づくものです。

---

3 新株予約権：あらかじめ定められた条件で会社に対して新しい株式の発行を請求できる権利のこと。

本件は、ブルドックが新株予約権を付与するにあたり、スティールだけが付与された予約権を行使できないという買収防衛策（きまり）を株主総会が可決した（定めた）ことから、その買収防衛策が株主平等原則に反するのではないかとして争われました。

➔ 裁判所の判断

裁判所は、まず、新株予約権を割りあてる場合にも、株主平等の原則の趣旨が及ぶとしたうえで、スティールは、本件の買収防衛策によって、割りあてられた新株予約権を行使できないことにより持株比率を大幅に低下させる不利益を受けるとしています。

そして、株主平等の原則と株主の利益の関係について、次のような判断をしました。

---

① 個々の株主の利益は、一般的には、会社の存立、発展なしには考えられない。

したがって、特定の株主が経営支配権を取得することによって、会社の存立や発展が阻害されるおそれが生ずるなど、会社の利益ひいては株主の共同の利益が害されることになるような場合には、その防止のために経営支配権の獲得をめざす株主を差別的に取り扱ったとしても、その取扱いが衡平の理念に反し、相当性を欠くものでない限り、これを直ちに株主平等原則の趣旨に反するとはいえない。

② そして、特定の株主による経営支配権の取得に伴い、会社の利益ひいては株主の共同の利益が害されることになるか否かについては、最終的には、会社の利益の帰属主体である株主自身により判断されるべきものである。

したがって、株主総会の手続が適正を欠くものであったとか、判断の前提とされた事実が実際には存在しなかったり、虚偽であったなど、判断の正当性を失わせるような重大な瑕疵が存在しない限り、株主の判断が尊重されるべきである。

裁判所の考え方と
法教育的な視点

➔ 株式会社におけるものごとを決める基準

プロローグで紹介したように、集団においてものごとを決める基準は、「構成員にとって最も利益になるように」でした。

株式会社は、会社の活動に賛同する人が株式の払込みという形で会社にお金を出し合い（これを「出資」といいます）、そのお金を利用して事業を行います。会社に出資をした人は株主とよばれ、会社は事業（対外的な経済活動）によって利益をあげて、株主に利益を分配します（これを「配当」といいます）。

このように、株式会社は、利益を目的とした集団で、その構成員は株主ですから、株式会社におけるものごとを決める基準は、「株主利益の最大化」ということになります。

➔ 株式会社におけるものごとの決める場所（機関）と決め方

このように、株式会社は、株主をその構成員として、「株主利益の最大化」のために活動しますので、株式会社の活動方針を最終的に決めるのは株主ということになります。

この株主の意見を反映させる場として、株主によって構成される「株主総会」が設けられています。

ところで、株主は出資という形で株式会社の事業に参加・貢献していますから、株式会社におけるものごとを決める際の決定権は、株式を出資した株式数、すなわち貢献度に応じて割りあてることが公平な取扱いといえます。これは、冒頭で説明した「株主平等の原則」から導かれる結論です。具体的には、たとえば、1株出資した株主に比べて10株出資した株主は、会社経営について10倍の決定権（議決権）をもつことにな

第1章 私たちの生きる社会

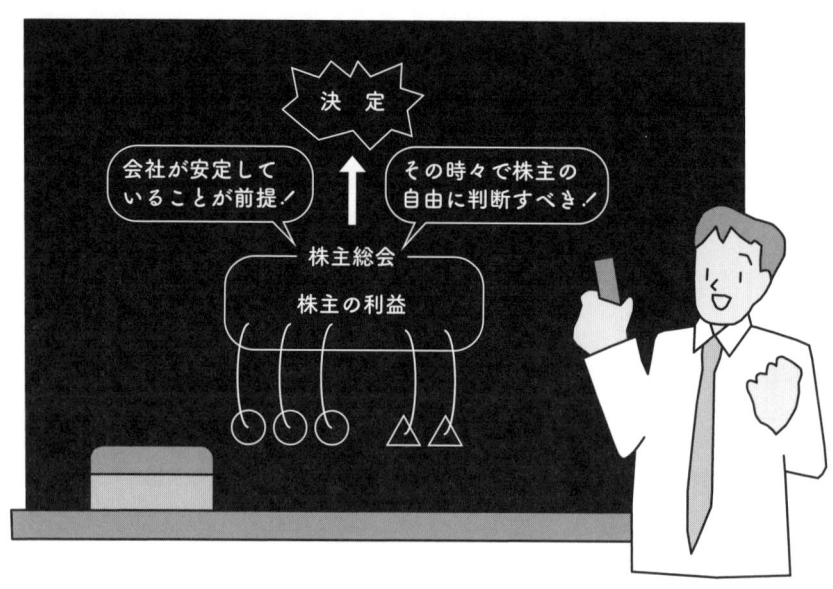

ります。

　また、1株出資した株主は、10株出資した株主の10分の1の権利しかありませんが、逆に10分の1の権利はもっていることから、多数の株主の意向だけで少数の株主権利（議決権や利益配当権など）だけを剥奪することはできず、少数株主の保護が図れることにもなります。

● 判断基準をどのように使ったか（最高裁判所が拠って立つ価値観）

　配当を受けるなどの株主の利益は、その会社が存在しさらには会社が発展することを前提としています。そこで最高裁判所は、会社の存立や発展が覆されるおそれがある状況は「株主利益の最大化」にはならないという価値判断の下、そのような状況を阻止すること、すなわち今回の事案であれば買収防衛策を認めることが「株主利益の最大化」であると考えました。

　ただし、その結果として特定の株主が差別的に扱われる場合には、その株主に対する配慮は必要であると考え、本件では、①適正な手続に基

づく株主総会の決議を経ていて、その判断に重大な瑕疵が認められないこと、②スティールに相当な対価を伴った経済的な見返りを与えていることなどを理由に、一定の配慮がなされている本件では株主平等原則違反とはいえず、適法であると判断しました。

反対の立場から考える

　株式会社におけるものごとを決める基準を、裁判所と同じように「株主利益の最大化」としたとしても、このような株主総会決議は株主平等の原則に抵触して違法であるとする考え方があります。反対の論拠はいろいろあるでしょうが、次のような意見が考えられます。

　すなわち、裁判所は「買収によって会社の存立や発展が覆されるおそれがある場合」には株主総会による買収防衛策が「株主利益の最大化」につながると判断していますが、実際にスティールが経営権を掌握しているわけではないにもかかわらず、株主総会の時点で、「会社の存立や発展が覆される」という将来の極めて不確実な結果について明確に判断するなど不可能だという理由です。

　そしてまた、株主に「会社の存立や発展が覆される」か否かの判断をさせる必要もないという理由です。なぜなら、スティールによる公開買付けは開始されているのですから、株主は、このタイミングで売却したほうが有利だと考えればスティールの公開買付けに応募し（つまり自分がもっている株をスティールに売却し）、反対に、このまま株主として残ったほうが有利だと判断したならば応募しなければよいだけのことなのですから、個々の株主の利益は、公

開買付けに応じる自由で確保されているといえるからです。そもそも売却した株主にとっては、売却後に「会社の存立や発展が覆されるか」について関心をもつこともないでしょう。

このように、「会社の存立や発展が覆されるかどうか」など明確な判断はできず、一方で個々の株主が公開買付けへの応否を自由に判断できることで「株主利益」は確保されていると考えれば、株主総会で画一的な買収防衛策を決定することは必ずしも「株主利益の最大化」とはいえず、かえってこのような特定の株主を不平等に扱うことは違法であるという結論に傾くことになるでしょう。

判例を振り返って

本件では、株式会社におけるものごとを決める基準や決め方について検討してきました。では、「構成員にとって最も利益になるように」という考え方は、集団におけるものごとを決める基準として、簡単に結論が導かれるものなのかについて考えてみましょう。

たとえば、町内会の会費をいくらにするかは、会員の負担と充実した町内会活動の必要性の観点から、「町内会会員にとって最も利益になること」の観点から決定されることになります。しかし、「町内会会員にとって最も利益になる」町内会費の金額が、一義的に決められないことは容易に想像できるでしょう。

同じことは国のレベルでも同じです。税金は国民の生活を守り、豊かにするために徴収されますが、どれくらいの総額を徴収するかは、「福祉国家か小さな政府か」という価値観から異なってくるでしょう。また、徴収した税金をどのように予算配分するかや、所得に応じた累進課税の程度も一義的ではありません。「国民にとって最も利益」という誰でも

人と社会の関係を考える

承認できる判断基準に拠ったとしても、その基準への具体的なあてはめには、各人の立場や価値観が大きく影響していくこととなります。

今回の裁判例に戻って考えれば、株式会社におけるものごとを決める基準は「株主利益の最大化」ですが、裁判所は従業員や取引先など会社を取り巻くさまざまな利害関係人の存在も頭の隅においていたと考えられなくもありません。そうなると、単純に「株主の利益」だけではなく、株式会社が社会的存在であることにも配慮して会社経営の安定も事実上考慮したとも考えられます。そのうえで、多くの株主が賛成したこと、スティールに相当な対価を伴った経済的な見返りを与えて経済的利益という株主の主な目的を保証する措置がとられていたことなどを根拠に、株主平等の原則に抵触しうる事案ではあったものの、株主総会で画一的に決めることを「株主の利益」であると認めたといえるかもしれません。

この裁判例は、「株主利益の最大化」という誰でもその正当性を認める基準を採用しているため、一見明快に結論が導かれるように思われます。しかし、具体的に検討すると、実は複雑な要素や価値判断が絡んでいることがわかります。

（村松　剛）

MEMO

MEMO

第1章　私たちの生きる社会

望ましいルールの基準について考える
〜基準は明確なのか？　結論は妥当なのか？〜
――ロクラクⅡ事件――

●ここでの学習目標●

望ましいルールかどうかを判断するメルクマールとして、①明確な基準かどうか、②基準をあてはめたときの結論が妥当かどうかという視点があることを学ぶ。

プロローグ

　法律や規則などのルール（以下、総称して「ルール」とよびます）は、多様な人々が共生していくために必要な決まりごとです。このルールは、個人を不法な行為から守ってくれる反面、これを逸脱すると、刑事罰や損害賠償等の責任やその他のペナルティを負わなければならないという点で、個人の自由を束縛するものでもあります。

　このようなルールは明確でなければなりません。なぜなら、ルールを守らせる職責を担う人や機関（私たちの社会では警察等がこれにあたりますね）が、ルールを勝手に解釈して個人の自由をむやみに制限するということが起こる可能性があるからです。

　しかし一方で、この社会で起こりうるすべてのことについて、「○○の場合は××とする」などとルール化することはおよそ不可能です。

　そのため、ルールを決めたときには必ずしも想定していなかった場面が生じ得ます。

望ましいルールの基準について考える

　このような場合、「もともと想定していない事態なんだから、ルールは適用できない」と簡単に割り切ってしまっていいのでしょうか。そのように割り切ってしまうと、ルールが達成しようとした目的を全く達することができず、不合理な結論になる可能性があります。

　ここで取り上げる事案は、上記のように、「もともとのルールは必ずしも想定していなかったが、だからといって、ルールを適用しないというのは不合理ではないか」ということが問題となったものです。

　以下では、この事案を参考にしながら、ルールを適用する現場で、「ルールは明確であるべきだ」というテーゼ（価値）と「ルールを適用した結果は妥当であるべきだ」というテーゼ（価値）がどのようにせめぎあっているかを、実感してもらえればと思います。

事案の概要

　この事案の登場人物（会社）は、テレビ局であるA会社と、録画とインターネット通信機能を有する録画機器（以下、「R」といいます）を利用して、あるサービスを提供していたB会社の二者です。

　B会社が提供していたサービスとは、おおよそ次のようなものです。

　まず、Rを2台揃えます。Rは、インターネット通信機能を備えていることから、これを2台揃えれば、手元にあるRで遠方においたRを操作して、放送番組を選んで録画などをして、手元にあるRに送信させて再生するという使い方ができました（以下、遠方においてテレビ番組を受信するためのRを「受信用R」、手元に置いて受信用Rからのデータを再生して

第1章　私たちの生きる社会

テレビ番組を視聴するためのＲを「視聴用Ｒ」といいます)。これにより、たとえば、受信用Ｒを一つ日本に設置しておけば、海外に赴任しても視聴用Ｒで日本のテレビ番組を視聴することができますし、また、受信用Ｒを一つ東京・大阪等に設置しておけば、地方に居住していても視聴用Ｒで多様なテレビ番組を視聴することができるようになります。Ｂ会社は、これを利用して、Ｒの貸出し等を行うサービス（以下、「本件サービス」といいます）を開始しました。

この事案において、Ａ会社は、「Ｂ会社が提供するサービスは、Ａ会社が制作した放送番組についての著作権を侵害するから違法なサービスだ」と主張して、サービスを停止させることを求め裁判所に訴えました（最高裁判所平成23年1月20日判決〔ロクラクⅡ事件〕を基に作成）。

判示した内容

● はじめに――裁判の争点

最高裁判所が示した判断を紹介する前に、この裁判を理解するために必要な事柄を説明します。

まず、テレビ番組は、テレビ局が多大な知的労力を費やして制作するものですので、通常、その創作者（著作権法では「著作者」といいます。そして、創作されたものを「著作物」といいます）であるテレビ局には、テレビ番組の利用について「著作権」という権利が付与されます。その結果、原則として、第三者がテレビ局から許可を得ずにテレビ番組を複製（録画も含みます）することは禁じられます。

しかし、個人的にまたは家庭内などの限られた範囲で観賞するために複製することは、インターネット上で違法に配信されている番組をダウンロードするなどの行為でない限り、「私的使用のための複製」（著作権

法30条1項）として例外的に許されます。家庭用の録画機でテレビ番組を録画しても、特に処罰などされないのはこのためです。

　このように、「私的使用のための複製」が許されると、誰が複製をしたのかということが大きな問題になる場合があります。本件でも、この点が問題になりました。たとえば、親機におけるテレビ番組の録画について、サービスの利用者が自ら観賞するために録画したものと考えれば、利用者が個人的使用の目的のために自ら録画したことになりますので「私的使用のための複製」として違法となりません。他方、Ｂが録画をしたものと考えれば、Ｂの事業として不特定多数のお客さんのために複製したことになり、「私的使用のための複製」にはあたらないので、違法となってしまいます。このように、誰が複製等の主体とされるかで結論に大きな差が出てくることになります。

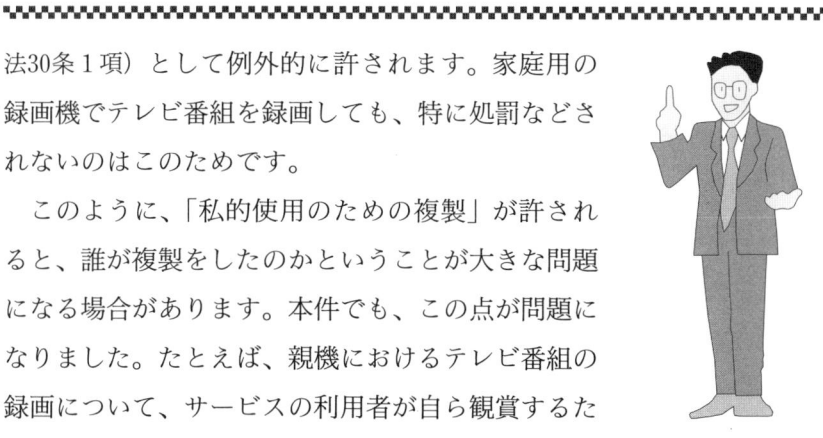

➡ 最高裁判所の判断

　最高裁判所は、まず、誰が複製の主体なのかを判断するには、

① 何を複製するのか
② どのような方法で複製するのか
③ 複製に誰がどのようにかかわるのか
④ どの程度複製にかかわるのか

といったいろいろな要素を考慮して判断するべきだと考えました。

　そのうえで、最高裁判所は、もし、Ｂに次のような事情がある場合には、Ｂがその複製の主体であると理解するべきだと結論づけました。

① 受信用Ｒを自分の管理下においている
② 受信用Ｒをテレビアンテナ等と接続している

③　これにより利用者から録画の指示があれば、テレビ番組の録画が自動的に行われるようになっている

　その理由は、上記のような事情があれば、⑦テレビ番組を受信する、④テレビ番組のデジタルデータを録画機に入力するというテレビ番組等の複製の実現にとって重要な行為が事業者の管理・支配の下で行われているからというものです。

　そして、この事案では、機器の管理状況等についてさらに審理を行う必要があるとして、原審（東京高等裁判所）に差戻しを行いました。

裁判所の考え方と法教育的な視点

● 裁判所の判断基準

　この事案では、受信用Ｒに録画の指示等を出しているのはサービスの利用者です。録画の指示を出す「動作」を誰がしたのかという物理的な観点だけから考えると、録画行為はサービスの利用者が行っているように思えます。

　しかし、最高裁判所は、

複製の主体の判断にあたっては、①複製の対象、②方法、③複製への関与の内容、④複製への関与の程度等の諸要素を考慮して、誰が当該著作物の複製をしているといえるかを判断するのが相当である。

として、単純に「誰が動作をしたのか」だけを基準に複製行為の主体を判断するという考え方を採用していません。最高裁判所は、このように単純に物理的な観点だけを基準とはしない考え方を古くから示していました（詳しくは、「弁護士からのメッセージ」を参照してください）。

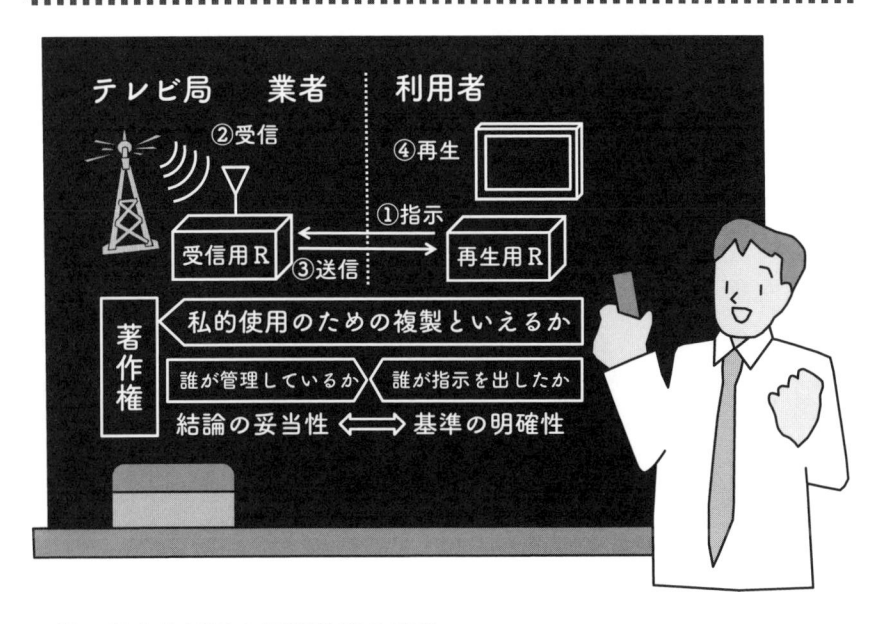

● 最高裁判所の判断基準の背景

では、なぜ最高裁判所はこのような考え方を採用するのでしょうか。この点について考えてみましょう。

まず、著作権法が、著作物の著作者に著作権を認めている趣旨は、著作物の創作者にその「対価」の回収を図る機会を与え、そのことによって創作活動をより活性化し、文化の発展を図るという点にあります。たとえば、せっかく苦労して面白い漫画を描いたとしても、これを無断で複製して販売するようなことが許されるとすると、漫画家は十分な創作の対価を得ることはできません。そうすると、漫画家の創作意欲は減退してしまうでしょうし、また、漫画家になっておもしろい漫画を描こうとする人はいなくなるでしょう。音楽や文芸も同じです。このように、創作者の権利が守られなければ、文化は衰退せざるを得ないでしょう。著作権法が、著作者の権利を認めこれを保護しようとするのは、まさに、このような事態を避けるためです。その一方で、著作権法が「私的利用

第1章　私たちの生きる社会

目的の複製等」を許容している（同法30条1項）のは、個人的な利用の範囲であれば著作権者の利益を不当に侵害するものではないと考えているからです。

　それでは、誰が「その動作」を行ったのかという観点だけから、「誰が複製を行ったのか（複製の主体は誰か）」を判断することで、著作者の権利を保護して文化の発展を図るという著作権法の目的にかなうでしょうか。たとえば、ある者がお店に複製機器を設置して、市販のCDやDVDなどを1回10円でコピーしてもよいというサービスを始めたとしましょう（もちろん著作権者に無断です）。複製機器を操作するのは、それぞれのお客さんですから、誰の動作かという物理的な観点だけから考えれば複製行為の主体は、お客さんそれぞれということになり、複製行為は、私的利用目的として許容されることとなります（著作権法30条1項）。しかし、このようなことが本当に許されてよいのでしょうか。私的利用目的の複製等は、通常小規模で著作権者の利益を不当に侵害しないということが前提になっていますが、このようなサービスが大々的に行われれば、CDやDVDの売り上げは大きく落ち込むことになり、「著作権者等の利益を不当に侵害しない」という前提を欠くことになるでしょう。このようなサービスは、もはや、お店がCDやDVDを複製してお客さんに販売するのと経済的・社会的評価としては同様といえるのではないでしょうか。

　このように、単に、複製等の主体を、物理的動作を誰が行ったかという観点のみから判断したのでは、著作権者の利益を保護して文化の発展を図るという著作権法の目的を達成できない場合があることは明らかです。

　そこで、最高裁判所は、より柔軟な認定の基準を採

用しているものと考えられます。

　そして、最高裁判所は、この事案のようなサービスでは、受信用Rを（録画を予定している）テレビ番組の視聴可能範囲に設置してテレビ番組の受信・録画を可能とすることが非常に重要な行為なのだから、その行為が誰の支配管理下で行われていたかが、「複製の主体」が誰かを考えるうえで重要なポイントになると考え、この点を判断するため受信用Rの管理状況についてさらに審理する必要があると考えたのです。

反対の立場から考える

　このような最高裁判所の考え方をすると、「行為主体が誰か」という問題について柔軟に考えることができ、著作権者の権利の保護を実効的に行うことが可能になります。しかし、他方、柔軟な判断が可能ということは、裏を返せば、必ずしも基準が明確ではなく、どのような場合に複製等の主体と判断されるのかわからないということです。

　ある新しいサービスを提供しようとする場合、当然のことながら、そのサービスが、はたして合法かどうかは非常に重要です。ところが、最高裁判所のような基準では、自分がこれから提供しようとするサービスが、はたして合法かどうか判断がなかなかつきにくいのです。そうすると、新しいサービス提供を過度に抑制するようなことにならないかといった懸念があります。たとえば、各種のハウジングサービス（お客さんの情報発信用のコンピュータ等を、通信回線設備の整った自社の施設に設置する（預かる）サービス等をいいます）が、こういった基準によって違法と判断されないかという懸念が示されています。

　前述のとおり、ルールは、個人を不法な行為から守ってくれる反面、これを逸脱すると、刑事罰や損害賠償等の責任やその他のペナルティを

第1章　私たちの生きる社会

負わなければならないという点で、個人の自由を束縛するものでもあります。したがって、ルールは明確でなければなりません。このように「ルールは明確であるべき」という価値を重視すれば、客観的に明白な物理的観点を重視すべきであり、複製の主体はサービスの提供者であるというように考えることもできるでしょう。

判例を振り返って

　実は、「ルールは明確であるべきだ」というテーゼ（価値）と「ルールを適用した結果は妥当であるべきだ（ここでは「結論の妥当性」と呼びましょう）というテーゼ（価値）がせめぎあい、両者のバランスをとって解決しているという例は、皆さんの身近にもたくさんあります。

　たとえば、「いじめをしてはいけない」というルールを考えみましょう。

　相手が嫌がっているのに殴ったり悪口を言ったりすればこのルールに違反することには疑いがないでしょう。では、ずる賢い生徒が、自らは殴ったり悪口を言ったりしませんが、他の生徒をけしかけて殴らせたり悪口を言ったりさせた場合はどうでしょうか。自ら殴ったりしていない以上、このルールには違反していないと考えてよいのでしょうか。こういったずる賢い生徒の行為もルール違反として指導や処罰の対象としなければ、いじめられている生徒を助けることはできないのではないでしょうか。

そこで、「他の生徒をけしかける」といったいじめに対する関与が積極的なもの（たとえば、番長格が子分に命じたような場合）である場合に限定して（「ルールは明確でなければならない」というテーゼを維持するためです）、その場合には自らが殴ったり悪口を言ったりするのと変わらないのだから、けしかけた生徒もルール違反を犯していると評価して（「結論の妥当性」を追求するためです）、指導や処罰の対象としていくものと考えられます。このように、「ルールは明確であるべき」というテーゼを維持しつつ、これと矛盾しない範囲でルールを解釈し可能な範囲で「結論の妥当性」を追求しているのです。

「法律」や「規則」というと、とかく固定的で静的であるイメージをもたれているかもしれません。それはそれで一面正しいのですが、現実には、上記のような動的な要素、可変的な部分、あるいはダイナミズムがあるのです。

弁護士からのメッセージ▶▶▷

　最高裁判所は、古くから、単純に物理的・自然的な視点だけを基準に複製行為の主体を判断するという考え方は採用していませんでした。そのきっかけとなったのが、クラブキャッツアイ事件（最高裁判所昭和63年3月15日判決）です。

　この事件は、カラオケ・スナックで、カラオケ装置を用いてお客さんのリクエストに応じて音楽を流して、これを伴奏として歌唱してもらっていたことが、音楽著作権を侵害するのかどうかが争われたものです。これに対して、最高裁判所は、①行為に対する管理・支配、②利益の帰属がいずれもスナック側にあるので、著作権法の考え方に基づくと、スナック側が「歌唱」の行為主体であると認めました。この判決を皮切りに、多くの裁判例で認められてきました。この考え方は、上記最高裁判所の事案にちなんで「カラオケ法理」といわれています。

（大谷惣一）

MEMO

MEMO

第1章　私たちの生きる社会

約束の意義を考える
〜あとから事情が変わったら？〜
──ゴルフクラブ会員権等存在確認請求事件──

●ここでの学習目標●

1　約束（合意）はどうして守らなければならないかを理解する。
2　約束（合意）を守る必要のない場合とは、どんな場合かを考える。

プロローグ

　皆さんは、漠然と「約束（合意）は守らなきゃ！」と考えていると思います。ですが、いったん約束（合意）すれば、どんなことでも守らなければならないのでしょうか。

　たとえば、ある土地を1000万円で売るという約束をした後に、特殊な事情で異常に物価が上昇し、1000万倍になったとしましょう。そうすると、物価上昇後の1000万円とは、今日の１円ほどの価値になってしまいます。このようなハイパーインフレーション（急激に物価が高騰すること）が起こることなど、予想することなどできません。それなのに、その土地を1000万円（実質１円ですから、ただ同然です）で売るという約束を守らなければならないのでしょうか。

　ここで取り上げる事案は、上記のように、約束（合意）後に合意の前提となっていた事情が大きく変化したのであるから約束（合意）を守らなくてもよいのではないかということが問題となった事案です。

以下では、この事案を参考にしながら、約束（合意）はどうして守らなければならないか、約束（合意）を守る必要のない場合とはどんな場合かを考えたいと思います。

事案の概要

　この事案の登場人物は、A会社とBさんの二者です。まず、A会社は、ゴルフ場を運営している会社で、BさんはA会社が運営しているゴルフ場の会員です。ゴルフ場の会員となっているというのは、A会社との間で、会員ではない者より優先的に、かつ、料金などの点で有利な条件でゴルフ場を利用できるという約束（合意）をしているということです。ここでは、この約束（合意）のことを会員契約ということにします。

　さて、A会社とBさんが会員契約をしたのち、ゴルフ場の「のり面（人工的に造成した斜面）」が崩壊して、ゴルフ場が使用できなくなりました。そのため、A会社は約130億円をかけて、その修復工事等を行わざるを得なくなりました。

　A会社としては、このような大規模な修復工事をしなければいけないことなど想定しておりませんでしたから、何とかこの分を取り返したいところです。そこで、A会社は、Bさんを含めた既存の会員に、会員以外の者と同様の料金を請求しようと考えました。その論拠は、会員契約後に「のり面の崩壊とこれに対し防災措置を講ずべき必要が生じた」という事情の変更があったのだから、合意（会員契約）の拘束力は失われたというものです。

　なお、法律の世界では、このようにある合意の基礎となった事情が後に大きく変更した場合には、合意の拘束力は失われるという考え方を「事情変更の原則」といいます。

第1章　私たちの生きる社会

　そこで、Bさんは、裁判所に、A会社のゴルフ場の会員であることの確認を求めました（最高裁判所平成9年7月1日判決〔ゴルフクラブ会員権等存在確認請求事件〕を基に作成）。

✓判示した内容

　まず、最高裁判所は、「ゴルフ場ののり面の崩壊とこれに対し防災措置を講ずべき必要が生じた」という契約締結後の事情の変更があったこと自体は認めました。

　しかし、契約締結後に事情が変わったとして契約の効力を否定するためには、次の①②が必要であるとしました。

> ①　契約締結後の事情の変更が、当事者にとって予見することができないこと
> ②　事情の変更は、当事者の責めに帰することのできない事由によって生じたものであること

　そのうえで、最高裁判所は、

> A会社のゴルフ場は、自然の地形を変更して造成しているし、A会社もこのことを認識しているのだから、のり面（斜面）が崩れたりすることは、特別な事情がない限り、予想できなかったとはいえないし、のり面（斜面）が崩れたことについて何の責任もないとはいえない。

と判断して、事情変更の原則の適用を否定しました。

裁判所の考え方と法教育的な視点

● 約束（合意）を守らなければいけない理由

　この事案は、「事情変更の原則」が妥当する場合について判断したものですが、そもそも、どうして合意や約束を守らなければならないのかを考えてみましょう。

　あまりに当然のことですが、ある約束（合意）をした場合、原則として、その約束の内容に拘束されます。たとえば、1万円でプロ野球観戦のチケットを売ります、買いますという約束をした場合、その後、気が変わったとしても原則として1万円でチケットを売らなければ（買わなければ）なりません。

　では、どうして約束（合意）には拘束力が認められるのでしょうか。その根拠としては、主に二つあると考えられます。

　まず一つには、約束（合意）が守られなければその相手方が困るということがあります。相手方は、約束は守ってもらえるものという前提で、次の行動を決定するからです。たとえば、プロ野観戦のチケットの例であれば、チケットを購入した人は、恋人を誘ってデートに行くことを予定しているかもしれませんし、取引先を野球観戦に招いて接待をしようとしていたのかもしれません。もし、約束が破られれば（チケットを売ってもらえなければ）、買主は、恋人や取引先の信用を失うなど、大きな損害を被ることになるかもしれません。

　もう一つは、誰に強制されることなく自ら欲して約束（合意）したのだから、その内容に拘束されるのは、いわゆる「自己責任」（誰に強制されることなく自由に

41

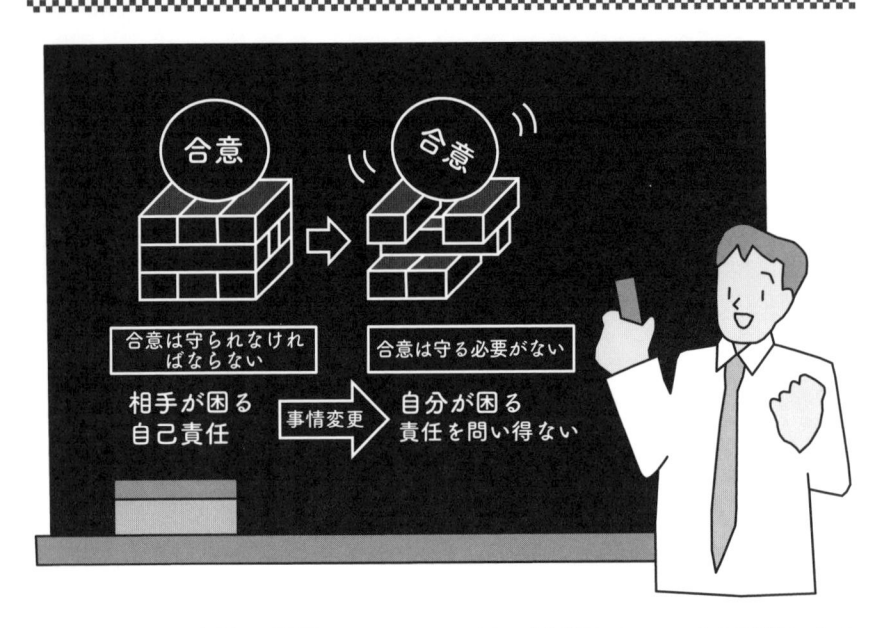

判断して行った行為の結果については、それが有利なものにせよ不利なものにせよ、自らが引き受けなければならない、という考え方)であって、やむを得ないという点にあるでしょう。

● 約束(合意)を守らなくてもよい場合

では、この約束(合意)の効力は常に認められ、例外はないのでしょうか。

たとえば、「プロローグ」で紹介したようなハイパーインフレーションの事案でも、なお約束に拘束されなければならないとすると、いくらなんでも売主がかわいそうではないでしょうか。

そこで、契約締結時に前提とされた事情がその後に変化し、元の契約どおりに履行させる(実行させる)ことが当事者間の公平に反する結果となる場合には、当事者は、契約を解除したり、契約内容の修正を請求することができるとする「事情変更の原則」という考え方が提唱されているのです。

前述した合意の効力の根拠に照らして考えるのなら、「プロローグ」で紹介したような事案では、契約相手方も当初の契約どおりにならなくても不測の損害は生じないでしょうし（物価高騰後であれば、買主も同じ1000万円で売ってくれると期待しないでしょう）、また、当初の契約どおりに履行させることはあまりに酷で自己責任を問いうる場面でもないといえましょう。

● 最高裁判所の判断

ただし、原則として、約束に拘束力がある以上、安易に事情変更の原則の適用を認めることはできません。そこで、最高裁判所は、次の①②のような厳格な判断基準を採用したのだと思われます。

> ① 契約締結後の事情の変更が、当事者にとって予見することができない（すなわち、予想ができない）事柄であること
> ② 事情の変更は、当事者の責めに帰することのできない事由によって生じた（すなわち、その事情の変更が当事者の行為等が原因となって生じたのではない）ものであること

そして、この基準に則れば、もともと、このり面は自然の地形を人工的に手を加えてつくり出したものですから、いつかは崩落などの危険が生じるであろうことを予想することはできないことではありませんし（①）、また、人工的に手を加えたからこそのり面の崩落などが生じるのであり、当事者の行為が由縁となっていないともいえませんので（②）、「事情変更の原則」の適用はないという判断になったのです。

第1章 私たちの生きる社会

判例を振り返って

　この事案をとおして、どうして契約を守らなければならないかを考え、そして、契約に伴う関係（これを「契約の拘束力」といいます）が否定される一つの場合として「事情変更の原則」があることを説明しました。

　ところで、契約の拘束力が否定されるのは、「事情変更の原則」の場合だけに限られません。ここまで本書を読み進められた読者諸氏であればお気づきでしょうが、契約の拘束力の根拠が、①契約相手方を害してはいけない、②自己責任という二つの点にあるのであれば、自己責任を問えない場合や、契約相手方を保護する必要がない場合等は、「事情変更の原則」の場合と同じように、契約の拘束力が否定されてよいはずです。

　たとえば、ガキ大将のJ君が、「お前のもっているPSPを100円で俺に売れ。断ったらどうなるかわかってんだろうな」とN君に迫り、N君が「断ったら殴られるかもしれない。それは嫌だ」と思って、しぶしぶPSPを100円で売ることに同意したとしましょう。この場合、A君を脅すという卑劣な手法をとったJ君を保護する必要はありませんから、契約の拘束力の根拠①は妥当しないことになるでしょう。また、危害が加えられるかもしれない状況下ですので、PSPを100円で売ることに同意したことについて自己責任を問うのは酷ですから、契約の拘束力の根拠②についても妥当しないということ

になりましょう。実際にも、このように脅迫されて契約してしまった場合には、後にこれを取り消すことが可能です。

そのほかにも、たとえば、未成年者はいったん契約を締結しても、後で取り消すことが可能とされています。これは、未成年者は判断能力に乏しいので自己責任を問う根拠に乏しい（②）という理由に基づいているといえるでしょう。また、騙されて契約を締結した場合にも、後で取り消すことが可能です。これは、人を騙すような相手方は保護する必要性はありませんし（①）、騙されたことについて自己責任を問うのは酷な場合があるから（②）という理由に基づいているといえるでしょう。まだまだ、契約の拘束力が否定される場合は数多くありますが、その多くが、同じような考え方で説明することができます。

法律の世界は、一見難しい理屈の世界のようにもみえますが、ひとたび紐解いてみると、このように、実は極めて素朴で単純な考え方で説明することが可能なのです。

（大谷惣一）

MEMO

MEMO

MEMO

第2章　対立する立場の調整

　人の立場は時として対立することがあります。対立が生じるのは、それぞれの人が自分の幸福を追求しているからであり、予定調和を前提とした事前調整の世界では対立は生じません。このように考えると、対立を否定的にとらえる必要はありません。

　しかし、対立が生じた場合には、それを解決しなければ社会は安定しません。そこでこの章では、立場が対立した場合の事案を通じて、対立する立場の調整のあり方についてみていきます。

【「石に泳ぐ魚」事件】
　この事件では、プライバシーと表現の自由という、いずれも重要な基本的人権が対立した場面を取り上げています。二つの人権を調和する折衷的な解決策はなく、それぞれの人権が制約される程度などから、どちらの人権を優先すべきかを検討しています。

【首長事件】
　この事件は、交通事故の加害者が、「被害が拡大したのは被害者の首が長かったからだ」と主張して損害賠償額の減額を求めた裁判です。被害者に生じた損害を、被害者と加害者のどちらがどれだけ負担するべきなのかという調整の問題を通じて、「公平」について考えていきます。

【横浜商銀信用組合事件】
　この事件は、信用組合が、経営が苦しくなったことを理由にある社員を整理解雇した場面を通じ、信用組合側の労働契約上の解雇権と労働者側の解雇される不利益が対立した事案です。整理解雇が許される場面を通じて、裁判所が二つの利益のバランスをどのように図っているのかをみていきます。

第2章 対立する立場の調整

人権の衝突について考える
～表現の自由とプライバシー権～
──「石に泳ぐ魚」事件──

●ここでの学習目標●
1 　表現の自由、プライバシー権の重要性について理解する。
2 　表現の自由の行使により、プライバシー権が侵害された場合の解決の視点を知る。

プロローグ

　私たちは、本や雑誌、新聞を読んだり、テレビを見たり、ラジオを聞いたり、インターネット上のウェブサイトを見たりして、毎日、さまざまな情報やたくさんの人の意見に触れて生活しています。このようにさまざまなメディアによって自由に情報を流通させることができる、すなわち、自分の言いたいことや思うことを自由に述べて、多くの人々に伝えることができ、私たちがその情報に触れることができるのは、私たちが、自分の言いたいことや思うことを自分の思う方法で表明する自由（これを「表現の自由」といいます）をもっているからです。日本国憲法も、「集会、結社及び言論、出版その他一切の表現の自由は、これを保障する」と規定して、「表現の自由」を保障しています。

　それでは、私たちは、悪口、嘘、人を傷つけてしまうようなことを表現することも無制限に認められるのでしょうか。

　私たちは、表現の自由を有している一方で、自分の名誉を侵害されな

い権利（これを「名誉権」といいます）や、他人に知られたくない個人の情報を公開されず、自分の情報を誰にどう提供するかを自分でコントロールする権利（これを「プライバシー権」といいます）も有しています。そして、これらの権利は、人間らしく生きるために不可欠な利益を求める権利（これを「幸福追求権」といいます）の一つとして、日本国憲法上保障されていると考えられています。

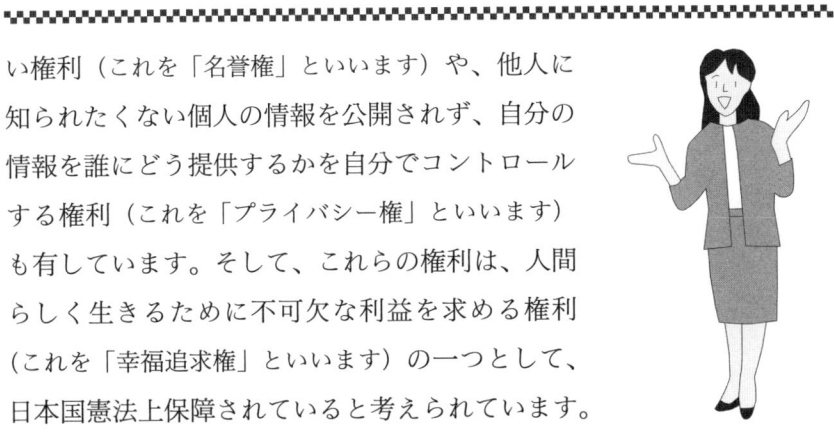

　表現の自由も名誉権・プライバシー権も日本国憲法で保障された重要な権利ですが、どのような権利であっても、誰でも絶対無制約に行使することが認められるものではありません。なぜなら、ある人が何か権利を行使しようとした場合に、それによって他の誰かの権利を害することがありうるからです。

　ここで取り上げる事案は、ある小説を執筆し出版しようとしたところ、そのモデルとなった人物のプライバシー権や名誉権が害される可能性があることが問題となったものです。この事案を通じて、ある人が表現の自由を行使しようとする際、他者の名誉権・プライバシー権を害するおそれがある場合に、これをどのように調整すべきかについて考えたいと思います。

第2章　対立する立場の調整

事案の概要

　『石に泳ぐ魚』と題する小説は、生まれつき顔面に大きな腫瘍をもった若い女性と「私」との関係を一つの軸として執筆されたものですが、この小説には、この女性の腫瘍について、詳細に、異様なもの、気味の悪いものと受け取られるような描写がなされていたり、この女性の父親に逮捕歴があることなどが記載されていました。

　この小説の作者の友人であるAさんは、この小説に登場する腫瘍をもつ女性と同様の身体的特徴があったり、同様の境遇にありました。

　そこで、Aさんは、この小説の描写から、読者がこの小説に登場する女性とAさんが同一人物であることを簡単にわかってしまい、このことによって、自分のプライバシー権や名誉権が侵害されるとして、小説の作者と小説の掲載誌を発行する出版社に対して、この小説の単行本の出版の差止め、慰謝料の支払い、謝罪広告の掲載などを求めました。

　このように、この事案では、Aさんのプライバシー権や名誉権が侵害されたことによって、小説の単行本の出版差止めが認められるかが争われました（最高裁判所平成14年9月24日判決〔「石に泳ぐ魚」事件〕を基に作成）。

判示した内容

　裁判所は、どのような場合に侵害行為の差止めが認められるか、すなわち、小説の出版の差止めが認められるかを判断するにあたっては、プライバシー権や名誉権が侵害される人物の社会的地位や侵害行為の性質を考え、「この小説が出版されることによってAさんが受ける不利益」

と「この小説の出版を差し止められることによって作家が受ける不利益」とを比較して、どちらを保護すべきであるかを考えて判断すると述べました。

　そして、プライバシーや名誉は、一度侵害されると回復することが非常に困難な性質をもつ権利であることから、プライバシーや名誉を保護するためには、それらが侵害された後に謝罪や損害賠償を受けることだけでは不十分で、事前に侵害の差止めを認める必要性が高いことを考慮して、この小説の出版によって被害者であるAさんが重大な損失を受けるおそれがあり、かつ、その回復を事後に図るのが不可能ないし著しく困難になると認められるときは侵害行為の差止めを認めるべきであると判断しました。

　そのうえで、裁判所は、Aさんが重大な損失を受けるおそれがあるかどうかについて、①Aさんが大学院生であって公的立場にある者ではないこと、②この小説において問題とされている表現内容は、公共の利害に関する事柄でないこと、③この小説が出版されれば、Aさんの精神的苦痛が増加し、平穏な日常生活や社会生活を送ることが困難となるおそれがあること、④この小説を読む者が増えるごとに、Aさんの平穏な日常生活が害される可能性が増大するものであることを考慮して、出版などによる公表を差し止める必要性は極めて大きいとして、この小説の出版の差止めを認めるという判断をしました。

裁判所の考え方と法教育的な視点

● 表現行為が事前に規制されることの不利益

　この事案は、小説の単行本の出版差止めが認められるかが争われた事案ですが、出版が裁判所により事前に差し止められること、すなわち、表現行為自体を裁判所などの公権力が事前に規制することには、どのような不利益があるのか、表現の自由の意義を踏まえたうえで考えてみましょう。

　私たちは、いくら心の中で何かを考えていても、それだけでは自分の考えなどを周囲の人たちや社会に伝えることはできません。また、自分の考えを発表したり、他人の考えを知ることによって、自分の意見を是正したり、自分にとっての真理を発見することができるなど、自分の人格を成長させることができるといえます。この意味で、表現の自由は、言語を使って意思を表明する人間にとっては、その存在そのものにかかわる極めて重要な権利であるといえます。

　また、日本においては、国民がみんなで自由に意見を表明し討論することによって政策を決定していくというしくみ、すなわち民主主義を採用しています。表現の自由には、このような自由な意見発表や討論を可能にするものとして極めて重要な意義があります。そして、このような重要な意義をもつ表現の自由は、よほどの理由がない限り制限できないと考えられています。

　特に、ある表現行為がなされる前に、国家権力が何らかの方法によってその公表を禁止するなどの規制がなされてしまうと、その表現行為は社会の目にさらされることはないので、私たちはその表現内容に全く触れることができず、その良し悪しを皆で検討し判断することができなく

[黒板の図: 作者（表現の自由）⇔出版差止め⇔Aさん（プライバシー権・名誉権）

判断要素
①Aさんが公的立場にあるか
②表現内容が公共の利害に関する事柄か
③Aさんの平穏な日常生活や社会生活を送ることが困難とならないか]

なってしまいます。また、表現行為を事前に禁止されることは、公表後に規制されるよりも表現行為そのものを抑制する効果が強く、表現の自由に対する行きすぎた規制となってしまう危険性を抱えています。こうしたことから、表現行為の公表を事前に規制することは、原則として禁止されています。

◆ この事案において出版が差し止められる作者の不利益

この小説の出版を差し止められてしまうと、小説の作家は、小説家として表現したいことを社会に発表する機会を失ってしまいます。また、この小説は「困難に満ちた生をいかに生き抜くか」ということを主題ないし作品意図にしているのですが、作家としては、このテーマを探求するために主人公である女性の顔面の腫瘍について詳細かつ烈しい描写することが不可欠であると考えていました。このような描写自体や描写方法が違法であるとされれば、作家は自由な表現および自由な表現手法を奪われてしまったり、表現手法に制約を受けてしまうことになります。

→ 裁判所が拠って立つ価値観

　このように、表現行為の公表を事前に規制することは原則として禁止されており、小説の出版が差し止められることにより作者が被る不利益が大きいにもかかわらず、この事案において、裁判所は、小説の出版の差止めを認めました。

　これは、小説の出版によって侵害される利益の性質を重視したものといえます。すなわち、人の記憶は消すことができないことから、プライバシーや名誉に関する情報がいったん公開されて、広く知られてしまうと、これをなかったことにすることはできません。このことは、インターネット上でいったん情報が公開されてしまうと、その情報をすべて削除することが不可能に近いという例からも理解できることと思います。

　そういう意味で、プライバシー権や名誉権は、①一度侵害されると回復することが非常に困難であり、②それゆえ、プライバシーや名誉は、侵害された後に謝罪や金銭的な賠償を受けることだけでは保護が不十分であるとして、事前に侵害の差止めを認める必要性が高いと判断されたのです。

一歩進んで考える

　裁判所が、この小説の出版を差し止めるかどうかを判断する際に指摘した具体的事情の中には、①Aさんが公的立場にない私人であること、②本件小説において問題とされている表現内容は公共の利害に関する事項でないことがあげられています。

　このように、小説の出版差止めを認めるかを判断するにあたって、①プライバシー権や名誉権を侵害された者が公的立場にあるか否か、②プライバシー権や名誉権を侵害する内容が公共の利害に関するものかどう

かが問題となるのはなぜでしょうか。

　これは、政治的・社会的は問題については、国民の間で自由に議論されるべきで、①公的立場にある人（たとえば、政治家や公務員）の言動、②国民全体の利益にかかわる事項については、国民が政治的・社会的問題について議論し、政治に参加する際に重要な判断資料となるので、国民に広く知らしめるべきであるという考えに基づいています。

　したがって、仮に、公的立場にある人の言動や公共の利害に関係することを公表することによって、公人のプライバシー権や名誉権が侵害されたとしても、これを公表すること（表現の自由）を優先すべきであると考えられているのです。

判例を振り返って

　私たちは、日々当たり前のように表現の自由を行使しているので、表現の自由を行使できるのは当然のことと感じるかもしれません。そして、他者のプライバシー権を侵害するような表現は制限されても当然だと考えるかもしれません。

　しかし、実は、表現の自由は、とりわけ不当な制限を受けやすい自由であり、歴史上も表現の自由が制限されていた時代があったことは日本も例外ではありません。皆さんの産まれる前のことですが、日本においても、時の権力者によって表現の自由が大幅に制限されてきた時代があり、それはそれほど昔のことではあり

ません。

　これはどういうことかというと、表現の自由が広く保障されている社会においては、その時に権力を有する者にも、その権力者に対して反対の立場に立つ者にも等しく表現の自由が認められることとなります。そこで、時の権力者が、自分の地位や既存の秩序を守ろうとすると、これを脅かす危険を小さいうちに摘みとっておこうとして、権力やその拠って立つ既存秩序に反対する者の言論を可能な限り制限しようとする可能性が出てくるのです。そして、この制限は「このような内容を表現してはならない」というように表現の自由の内容を直接的に規制する形をとらずに、交通秩序を維持するためとか、街の美観を維持するためとか、善良な風俗を守るためだとか、さまざまな「もっともらしい理由」をつけて規制される場合が多いのです。つまり、表現の自由が制限される場合は、一見もっともらしい理由に基づいていても、実は権力者にとって都合の悪い表現行為を抑圧することが目的であるという場合が少なくないのです。

　したがって、いつの時代にあっても、自由で民主的な社会を実現するためには、表現の自由が保障されている必要があり、そこに生きる私たちは、表現の自由が不当に制限されていないかをよく監視し、不当な制限がなされていた場合には、それが不当な制限であることを主張して、是正する必要があります。

　もっとも、表現の自由といえども、これを行使することによって他者の権利を侵害してしまう場合には、これらの権利を調整する必要があります。権利と権利が衝突した場合に、どのような方法で解決すべきかはとても難しい問題です。特にこの事案のように、重要な権利同士が衝突した場合にはとても悩ましい問題となります。また、時代を経るにつれて、これまでにない権利・自由が主張され、将来的には権利同士が衝突

する場面が増えるかもしれません。

　私たちは、表現の自由が保障されているかを監視するのと同時に、表現の自由を行使することによって他者の権利が不当に侵害されないかについても注意深く検討する必要があるのです。

(伊達有希子)

MEMO

MEMO

損害の公平な分担について考える
～加害者と被害者～
――首長(くびなが)事件――

●ここでの学習目標●

1　誰かに発生した損害を、誰が、どの範囲で負担するかについては、公平の観点から考える必要がある。
2　何が公平であるかは一義的に定まっているものではなく、さまざまな事情を考慮しながら決めていく必要がある。

プロローグ

　私たちが日常生活を送る中で、思いもよらない事故に巻き込まれて損害を被ったり、ときには加害者になってしまうことがあり得ます。混雑した駅のホームを歩いていたとき、つまずいて転倒した勢いで前を歩く人を押し倒してけがをさせてしまったり、学校内の廊下でプロレスごっこをしていたところ、近くを通った人にぶつかってけがをさせてしまったなど、誰でもが加害者、被害者いずれにもなりうるのです。友人の家を訪問した際、床の間に置いてあった花瓶を見せてもらっていたところ、手を滑らせて割ってしまった場合にも、損害が発生して加害者と被害者の関係になります。

　このような場合、まず、加害者は倫理的に申し訳ないという気持から、謝罪をするだけでなく、自発的に治療費を支払ったり、壊れた物を弁償しようとすることもあるでしょう。しかし、倫理的な対応だけでは済ま

ないこともあります。加害者の倫理にまかせるのみでは損害が回復しないこともあるからです。それは公平とはいえないでしょう。そうすると不満が起こり、ひいては社会の秩序が維持できないことになりかねません。

そこで、私たちの社会では、加害者に故意または過失があれば、被害者には、法律によって損害賠償を請求する権利が認められています（民法709条。不法行為）。

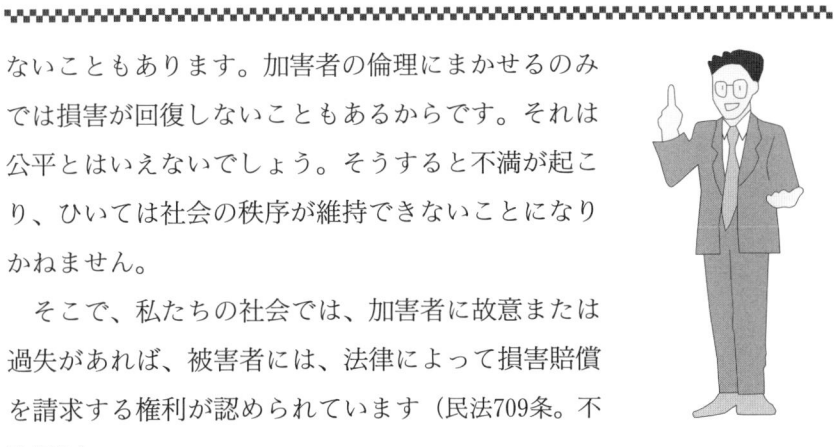

それでは、加害者に故意または過失さえあれば、予想外に大きな損害が発生した場合でもすべて賠償しなければならないのでしょうか。発生した損害のどの範囲までを賠償すべきか、言い換えれば予想外に発生した損害を加害者と被害者のどちらがどれだけ負担すべきかという問題も、やはり公平の観点から考える必要があります（ここでは、「損害の公平な分担」とよぶことにしましょう）。

また、「公平」といっても、その意味は一義的に明らかなわけではなく、さまざまな事情を考慮して判断していかなければ結論はでません。

以下では、自動車の追突事故において、被害者の首が通常よりも長かったという身体的特徴が原因で、予想をはるかに超える入通院が必要となり、想定外の重い後遺障害が残ったという事案を紹介します。この事案の被害者の損害について、どのような基準によれば損害を公平に分担できるかを具体的に考えていきましょう。

事案の概要

　Xは、自動車を運転して走行中にYの運転する自動車に追突され、頸椎捻挫などの傷害を負い、288日間入院し、さらに30カ月間通院した後もさまざまな重い後遺障害が残ったとして、Yに対して損害賠償を請求しました。

　これに対して、Yは、Xはもともと通常人の平均的体格に比べて首が長く頸椎が不安定であるという身体的特徴のために損害が拡大したとして、Yが賠償するべき損害額の減額を求めました。

　原審である高等裁判所は、Yの主張を認めて、Xの損害を4割減額する判断をしたことから、Xが最高裁判所に上告しました（最高裁判所平成8年10月29日判決〔首長事件〕を基に作成）。

判示した内容

　まず、裁判所は、次のような過去の裁判例（最高裁判所平成4年6月25日判決）を引用して、被害者に対する加害行為とその前から存在していた被害者の疾患（病気）の両方が原因となって損害が発生した場合、その疾患の程度等から加害者に損害の全部を賠償させるのが公平でないときには、被害者の疾患という事情を考慮して損害賠償額を定めることができる（民法722条2項の規定を類推適用）としました。

　次に、本件では、被害者が平均的な体格ないし通常の体質と異なる「身体的特徴」を有していたとしても、それが「疾患」でない場合には、特別な事情がない限り、その身体的特徴を損害賠償の額を定めるにあたって考慮しないという基準を示します。

そして、Xは平均的な人より少し首が長くこれに伴う多少の頸椎不安定症があるが、このことは特別な事情があるとはいえず、この身体的特徴を損害賠償の額を定めるにあたっては考慮しないとしました。

裁判所の考え方と法教育的な視点

➡ はじめに

プロローグでも触れたとおり、故意または過失による加害行為によって誰かに損害が発生した場合、被害者は加害者に対して損害賠償を請求して被害の回復を請求する権利があります。本件のような交通事故の場合に限らず、人を殴ってけがをさせたような場合や、他人の物をうっかり壊してしまった、公害によって病気になり健康が害された、報道によって名誉を傷つけられたなど、さまざまな領域において適用される法律関係です。

では、誰かに損害が発生した場合、どんな理由があってもすべてを加害者に負担（賠償）させるべきでしょうか。

本件では、交通事故の被害者がもともと平均的な人と違った身体的な特徴があった場合に、これが原因となって発生・拡大した損害の部分までも加害者に負担させることが公平なのかが問題となりました。

ところで、先に民法722条2項の類推適用という言葉が出てきましたが、この条文は、たとえば交通事故の被害者にも前方をよく見ていなかったなどの不注意（過失）がある場合、損害の公平な分担という考え方に基づき、その不注意の度合い（過失割合）に応じて賠償額を減額できるとして

いるものです。ただし、本件で問題となっているのは、被害者の「疾患」や「身体的特徴」であり「過失」ではありません。しかし、発生した損害の全部を加害者に負担させることが公平かどうかという考慮がはたらくことは同じですから、裁判所は、条文の言葉そのものである「過失」ではないけれども、似たような状況として同じように考えることを前提としました（これを「類推適用」といいます）。

● 損害の公平な分担方法

裁判所は、被害者が平均的な体格ないし通常の体質と異なる「身体的特徴」を有していたとしても、それが「疾患」でない場合には、特別な事情のない限り、損害賠償の額を定めるにあたって考慮することはしないという基準を示しました。よほどのことでなければ「身体的特徴」を「疾病」と同じように減額の理由とすることはしないと言ったのです。

体格や体質は、すべての人が均一同質なものではありません。たとえば、歩行にも支障を来すほど極端に肥満であるため外出時に簡単に転倒

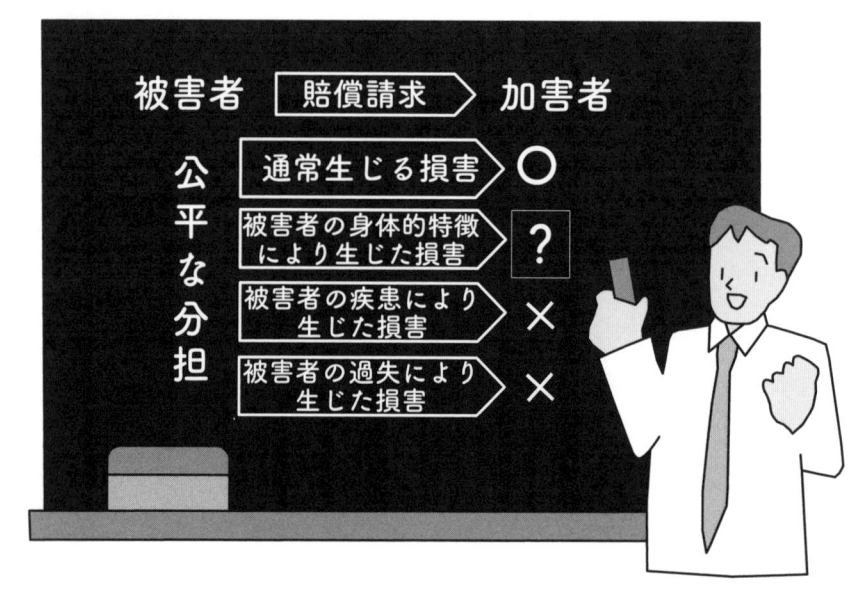

して大けがをしかねないような人には、そのかけ離れた身体的特徴が明らかなので転倒しないように慎重な行動を求めたとしても、本人にとって予想外の負担や不利益を強いることにはならないでしょう。しかし、このような「特段の事情」とまではいえない「身体的特徴」、言い換えれば、日常生活では特に支障のない個々人の個体差の範囲として考えられるものについては、減額の要素にすべきでないと裁判所は判断したのです。

つまり、発生した損害の一部が被害者のもっている事情に起因している場合にも、個々人の個体差の範囲として当然その存在が予定されている場合には、賠償額を決める際に考慮しない、つまり、発生した損害の全部を加害者に負担させることが、損害を公平に分担して被害者を救済することになると考えたのです。

反対の立場から考える

裁判所の示した判断は、本当に公平だったといえるでしょうか。最高裁判所が言ったことだから正しいとは限りません。誰が言ったことであっても、反対の立場から考え直してみることはとても重要なことです。

まず、「疾患」も「身体的特徴」も、被害者の有する事情という意味では同じことであり、いずれも、そのような状態になりたくてなったわけではありません。同じく損害が発生・拡大する原因となったのであれば、「疾患」とされているかどうかで結論に違いが出るのは、公平でないようにも思えます。

本件の原審である高等裁判所においては、交通事故と被害者の先天的・遺伝的な体質などが重なりあって被害者に損害が発生・拡大した場合には、被害者に生じた損害の全部を加害者に負担させることは公平の

理念から考えると相当ではないとして、民法722条2項の類推適用により4割の減額を行っています。つまり、加害者は、発生した損害のうち6割に限って被害者に賠償せよとしたのです。これは、「疾患」と「身体的特徴」を区別しない判断であると解釈できます。

細かなところまでは紹介しませんが、本件事案は、裁判所が認定した事実をみる限り、身体的特徴自体は多少の頸椎不安定症であるにとどまりますが、これに起因する症状があまりに多岐にわたり損害の発生・拡大に寄与した程度が大きく、加害者からすれば、思いもよらないほど損害が発生・拡大して賠償すべき範囲が想定外となった度合いが大きいといえそうな事案でした。そこで、高等裁判所は、本件における具体的事情を詳しく検討して、発生した損害の全部を加害者に賠償させることは損害の公平な分担という理念に沿わないと判断したうえ、「身体的特徴」に起因する損害についても減額するという結論をとったのではないかとも考えられます。

判例を振り返って

さて、反対の立場としての高等裁判所の考え方に耳を傾けた後、もう一度被害者の立場に立って考えてみてください。多少の頸椎不安定症など、日常生活においては意識するようなことではなく事故の前までは何事もなく生活していたのに、交通事故にあって痛みなどの症状に苦しみさまざまな後遺障害が残ったとして損害賠償を請求したところ、発生した損害の一部は想定外なので支払えませんといわれたらどうでしょう。そうすると今度は、高等裁判所の判断がとても不条理で不公平であり、最高裁判所の判断が公平な結論にも思えてきます。

今回の事案では、最高裁判所と高等裁判所いずれの基準をとるかで、

被害者に発生した損害が4割も減額されるかどうかの違いがありました。みなさんは、どちらかの判断・結論が正しいといいきれるでしょうか。

このように結論に大きな違いが出てくると、一方の基準のみによって判断することは、ぶれ幅が大きく不公平な感があるとも思われます。

そこで、たとえばですが、基準を立てずに「疾患」であろうが「身体的特徴」であろうが被害者の有する事情はすべて並べて検討したうえ、その程度に応じて減額するかどうか、減額するとして何割とするかを、発生した結果との相関関係により個別の事案に応じて決めていくという方法もあるのではないかと思います。

しかし、裁判所は、そのような判断の枠組みでは考えません。最高裁判所は、判決の初めに過去の裁判例を引用して一つの基準を確認し、それを踏襲しながら本件を判断するための基準を示しました。これは「同じような事案ではなるべく同じように判断するため」であり、他の事案との比較で公平性を確保しようとしているのです。個別の事案に応じて決めていくという方法は、一見すると事案に沿った柔軟かつきめ細かな判断がなされるようにも思えますが、ともすると判断する者の裁量の幅が大きくなりすぎてしまい、結局のところ結論がまちまちになり、かえって不公平なものになりかねないともいえます。

このように一口に「公平」といっても、加害者と被害者という対立する利害を調整しようとするとき、公平な結論を導くことがいかに難しいかがわかるのです。

（渡邊昌秀）

MEMO

MEMO

第2章 対立する立場の調整

契約と権利濫用について考える
～使用者と労働者～
──横浜商銀信用組合事件──

●ここでの学習目標●
1 労働者と使用者との間の契約について理解する。
2 使用者の解雇する権利と労働者の不利益の調整方法を知ることを通じて、権利の濫用について理解する。

プロローグ

皆さんは、将来どのような仕事に就きたいと思っていますか。

私たちの社会では、仕事をすることによってお金を得て、これで生活を成り立たせることが一般的であり、「働く」ことは、生活を成り立たせる手段という一面をもっています。

一方で、皆さんは、「解雇」という言葉を知っていますか。「解雇」という言葉を聞くと、「リストラ」とか「会社が従業員をクビにする」といった良くないイメージをもたれる方も多いと思います。「解雇」を法的に定義すると、「使用者による労働契約の解約」ということになります。

会社などに勤めている方々（この方々を、ここでは「労働者」とよびます）は、会社の指揮命令に基づいて働く義務を有していますので、会社は、労働者がきちんと仕事を行わなかった場合や、社内秩序を乱すような行動をして会社の業務が滞ってしまった場合などに、労働者を解雇す

ることができます。また、会社は主に利益を追求する団体ですので、会社の利益が上がらず労働者にしてもらう仕事がなくなってしまった場合にも、労働者を解雇することができます。

　しかし、先ほど述べたように、労働者は、労働によって給料を得て生活を成り立たせているので、解雇されることにより、その生活に深刻な影響を受けるおそれがあります。また、わが国の雇用慣行において、期間が決まっていない労働契約（いわゆる正社員などがこれにあたります）は、いったん勤務したら定年になるまで特定の企業において働くことを想定しており、労働者は、長期に雇用されること（または定年まで雇用されること）を期待しています。そうすると、労働者は解雇されることによって、大きな不利益を被る可能性があります。

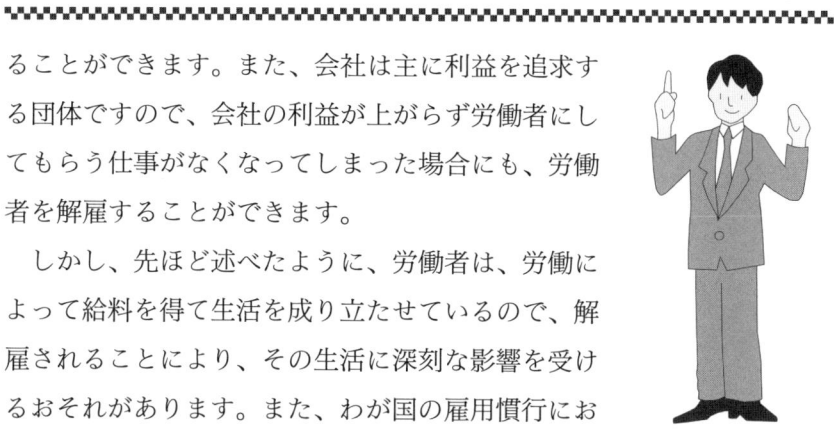

　このような状況において、使用者の解雇する権利を自由に行使することを制限なく認めてしまってよいでしょうか。

　ここで取り上げる裁判例は、使用者が経営上の理由により従業員を解雇したところ、解雇された従業員が、この解雇は無効であると主張して争われた事案です。この裁判例を通じて、使用者の権利と労働者の不利益がどのように調整されたのかを理解してもらい、権利を行使することによって他者に不利益を与えてしまう場合に、どのように解決すべきなのかを考えてもらいたいと思います。

事案の概要

　この信用組合は、平成11年度決算において設立以来初めて赤字となり、その後も、毎年数億円の赤字となってしまいました。
　そこで、この信用組合は、経営の合理化のために、15名の従業員に対して解雇を伝えました。
　これに対して、従業員らは、信用組合が行った解雇は解雇権を濫用したものであって無効であると主張して、信用組合との間で労働契約上の権利を有する地位にあることを確認することを求め、また、解雇後の給与および賞与相当額を支払うよう求めました（横浜地方裁判所平成19年5月17日決定〔横浜商銀信用組合事件〕を基に作成）。

判示した内容

　まず、裁判所は、この事案における解雇がいわゆる「整理解雇」であると判断しました。整理解雇とは、事業継続のための人員削減を目的とした解雇です。
　次に、裁判所は、「解雇が、客観的に合理的な理由がなく、社会通念上相当であると認められない場合には、その権利を濫用したものとして無効となる」と判断しました。これをもう少しわかりやすく説明しますと、使用者は、解雇する自由を有してはいるのですが、①合理的な理由がない場合、②解雇することがふさわしいと認められない場合には解雇することができないということです。つまり、使用者の解雇の自由には、一定の制限を設けられたことになります。
　さらに、裁判所は、①合理的な理由があるか否か、②解雇するにふさ

わしいと認められるか否かを判断するにあたって、次のような要素を考慮すべきであるとしました。

> ㋐　人員を削減する必要があること
> ㋑　解雇を避けるための努力を十分にしたこと
> ㋒　解雇される者が合理的な理由で選ばれていること
> ㋓　解雇の手続が相当であること

そして、裁判所は、この事案に則して上記㋐～㋓の要素を考慮し、次のとおり判断しました。

> Ⓐ　信用組合においては、従業員を解雇する必要性が一定程度はあるものの、経営状況からすると解雇を行わなければ倒産してしまうような状況にあったとはいえず、15名もの従業員を解雇する必要があったかについては疑問が残る。
> Ⓑ　従業員らの解雇に先立って、希望退職の募集や降格・配置転換を検討したり、これらを従業員らに打診したこともないことから、信用組合が従業員らの解雇を避けるためにした努力は不十分であった。
> Ⓒ　解雇する基準がどのような理由で定められたか、解雇する基準においてどの要素を重視したのかなどが明らかではないことから、選定基準が適切な方法で決定されたとはいえず、その決定方法についても合理的ではない。
> Ⓓ　解雇を行うにあたって従業員への説明が遅く、従業員らの解雇にあたっても人選の理由の説明が不十分であり、また、従業員との間に話合いの機会を設けていないので、本件解雇を相当な手続によって実施したとはいえない。

　裁判所は、Ⓐ～Ⓓの具体的事情を総合して考え、本件解雇は、客観的に合理的な理由を欠き、社会通念上相当であると認めることはできないから、解雇権の濫用として本件整理解雇は無効であると判断しました。
　そして、裁判所は、解雇された従業員らが信用組合の従業員としての地位を有していることを確認し、信用組合に対し、解雇した従業員らに解雇後の賃金および賞与を支払うことを命じました。

裁判所の考え方と
法教育的な視点

➡ 権利の濫用

　この事案では、使用者の解雇権の行使は、権利の濫用であって解雇は無効であると判断されましたが、どのような場合に「権利の濫用」となるのかについて、制限なく権利が行使された場合にどのような困ったことが生じるのかを踏まえて考えてみましょう。

　本来、権利をどのように行使するかは、その権利者の自由な意思に委ねられています。また、契約上認められている権利も、これと表裏の関係にある義務を果たせば、自由に行使することができるのが原則です。

　しかし、その権利行使によって不利益を受ける人がいる場合はどうでしょう。特に、権利行使を主張するのが経済的に力のある者で、不利益を受けるのが経済的に力のない者の場合に、強者のみが一方的に権利を行使できることになってしまうとすると、安全で健康な社会生活を維持することができなくなる可能性があります。

　このような状況を解決する方法として、私たちの社会では、自分がもっている権利の行使だったとしても、具体的な事情を考えたときに、社会的にみて権利の行使として認めるわけにはいかない場合には、これを権利の濫用として無効とする（権利行使としての効果は生じない）という原則を採用しています。

　では、どのような権利行使が権利の濫用となるのでしょうか。

　これを一言で表現するのは大変難しく、具体的な事案ごとに検討する必要があるのですが、権利濫用

とされる例としては、①他の人を害する目的で権利を行使する場合、②不当な利益を得ることを目的として権利を行使する場合、③権利者の得る利益に比較することができないほどの著しい損失を相手方に与えてしまうような権利の行使、④不誠実な手段・経緯により取得した権利を行使する場合、⑤自分の以前の行為と矛盾して権利を行使する場合などが考えられます。

➡ 解雇における権利濫用

では、解雇において、①合理的な理由がない場合、②解雇することがふさわしいと認められない場合には解雇することができないというように、使用者の解雇の自由に一定の制限が認められるのは、どのような理由からでしょうか。

これは、使用者と労働者の立場の違いに基づくものといえます。すなわち、使用者は、一個人である労働者と比較すると経済力に格段の違いがあります。また、前述のとおり、解雇は、多くの場合、労働者の生活

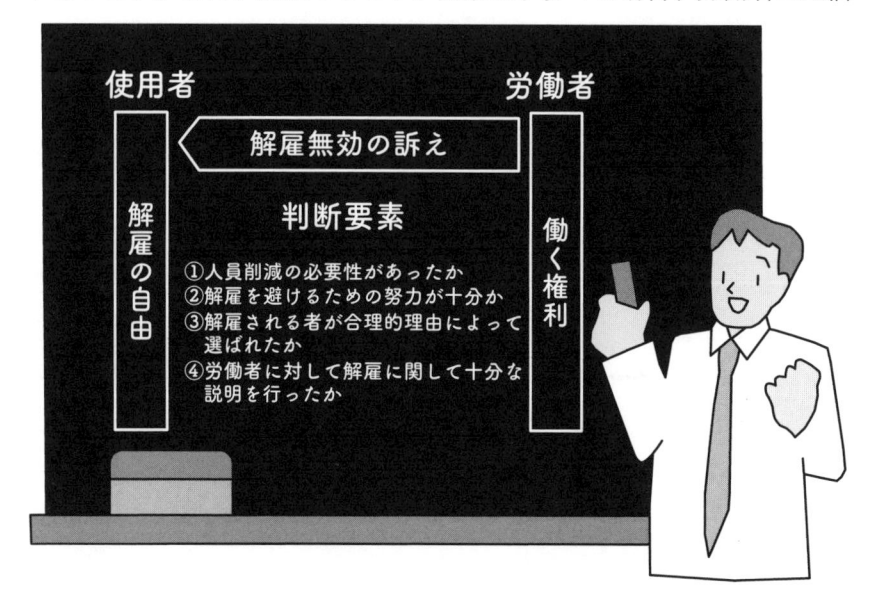

```
使用者                    労働者
    ←―― 解雇無効の訴え ――

          判断要素
解                              働
雇    ①人員削減の必要性があったか    く
の    ②解雇を避けるための努力が十分か  権
自    ③解雇される者が合理的理由によって 利
由      選ばれたか
      ④労働者に対して解雇に関して十分な
        説明を行ったか
```

に深刻な影響を与える事態を生じかねません。そこで、労働者の雇用の安定と継続を確保する必要があることを重視して、権利は濫用してはならないという原則を使用者の解雇権にも適用し、使用者は「解雇の自由」を有しつつも、「解雇の自由」を濫用することはできない、すなわち、「解雇の自由」を行使する場合には、①合理的な理由があること、②解雇することがふさわしい事情があることが必要であると判断したのです。

● 裁判所の拠って立つ価値観

解雇権の濫用であるか否か検討するにあたっては、さまざまな要素を具体的に検討する必要がありますが、この事案において、裁判所が解雇権の濫用であると判断したのは、この事案が整理解雇の事案であったことが大きく影響していると考えます。

すなわち、整理解雇は、使用者の経営上の理由に基づく解雇であって、長期雇用（または終身雇用）を期待していた労働者に責められるべき事情が全くないのにもかかわらず、使用者の経営上の理由だけで一方的に職を失わせてしまい、重大な社会生活上の不利益を被らせてしまうことになることを重視したのです。

そこで、裁判所は、労働者にこのような不利益を課すにあたって、使用者は、解雇を避けるための努力をすべきであり、また、労働者に対してそれ相応の配慮をすべきであると考え、解雇権濫用か否かを厳しく判断したといえます。

反対の立場から考える

　ここまで読んでいただいた皆さんの中には、解雇は労働者に不利益を与えるばかりなのだから、制限されるのは当然だと考える方がいるかもしれません。

　しかし、グローバル化が進む現代社会において、日本の企業も世界の企業を相手にして利益をあげることが求められています。このような状況において、市場のニーズに合わせた多様な人材を確保するには、労働者の入替えが必要となる場合もあります。また、企業の倒産は社会的な損失ですが、赤字が続いているなどの会社においては、労働者全員をそのまま雇用し続けていると、会社が倒産してしまうといった事態に至る可能性があり、これを避けるために、一部の労働者を解雇することによって経営を改善し、会社の存続を図ることが考えられます。

　このように、解雇は一般的に労働者側にとって不利益なものととらえられていますが、社会的有用性がある場合もあり、社会全体からすると、解雇が制限されることがすべて利益であるとは限りません。

判例を振り返って

　私たちは、原則として自分のもっている権利を自由に行使することができます。もっとも、この事案では、それがいかなる場合でも無制限ではないことを、整理解雇をめぐる事例をとおして考えました。

　事案の内容や「権利は濫用してはならない」という言葉は、少し難しいと感じたかもしれません。しかし、私たちは、普段の生活の中で、特に意識せずにこのような配慮をしていることと思います。皆さんも、自分が行動しようとするときや発言しようとするときに、それによって「他の誰かが困らないかな」「困らないようにするにはどうすればよいかな」と考えたことがあると思います。紛争や対立の発生を未然に防ぐためには、このような視点をもつことがとても役に立つでしょう。

　私たちが社会の中で生活していくにあたって、自分の自由や権利をきちんと主張することはとても大切なことですが、それと同様に、他の人たちも、自分と同様に自由や権利をもっていることを認識し、それに配慮するということはとても重要なことなのです。

（伊達有希子）

MEMO

MEMO

第3章　立憲主義

　立憲主義とは、国家の権力を憲法によって制限することです。私たちは、社会全体の幸福を実現するために一定の権限を国家に委ねていますが、いつの時代にも権力の暴走はありました。そこで憲法によって国家権力に歯止めをかけ、その暴走を防ぐのが立憲主義です。民主主義国家では、社会の多数派が政治権力を握りますので、とりわけ少数派の人権保障のしくみとして機能することになります。

　この章では、基本的人権の保障が問題となった事件、立法・行政・司法それぞれの意義や役割という国家権力のあり方に関する事件をとおして、この立憲主義を考えていきます。

【君が代起立斉唱拒否事件】
　この事件は、公立学校の卒業式において、君が代の斉唱を強制することの是非が問われた裁判です。基本的人権の尊重の意味と、人権侵害か否かの判断には価値判断が介在していることを知ります。

【1票の格差事件】
　1票の格差が問題になった判例・裁判例を通じて、投票価値の平等がどこまで貫徹されなければならないかを考えるとともに、1票の価値の平等が徐々に厳しく求められるようになってきた過程を学びます。

【朝日訴訟事件】
　憲法25条が規定する健康で文化的な最低限度の生活の実現にあたって、裁判所が政治の判断をどの程度尊重すべきかの議論を通じて、立法・行政・司法の役割分担について考えます。

【裁判員制度合憲事件】
　市民が裁判制度に参加することを合憲とした裁判例を通じて、裁判の歴史や国民主権との関係、裁判の意義などについて考えます。

第3章 立憲主義

基本的人権を考える(1)
～社会は人とどのようにかかわるのか～
——君が代起立斉唱拒否事件——

●ここでの学習目標●
1 基本的人権を侵害する制約は認められないことを理解する。
2 基本的人権を侵害しているか否かを判断する際には、判断する人の価値判断が介在することを知る。

プロローグ

　特定の考え方を強制されたり、特定の考え方をもっていると不利益を受けたとしたらどうでしょうか。誰もが自由にものを考えられることは、私たち一人ひとりが生き生きと自分らしい人生を送る前提になりますし、また多様な考え方を認めることによって社会も豊かになります。ですから、自由にものを考えられるということは、私たちは当たり前のように感じているかもしれませんが、とても重要なことなのです。
　しかし、大日本帝国憲法（明治憲法）下では、特定の考え方が反国家的なものとして弾圧された歴史がありました。そこで、現行の日本国憲法は、19条で「思想及び良心の自由は、これを侵してはならない」として、誰もが自由にものを考えることを保障することとしました。具体的には、国や自治体などの公権力が、個人に対し、①特定の思想をもち、またもたないことを強制すること、②特定の思想をもっていることを理由に不利益を課すこと、③個人の思想を知ろうとしたり、その申告を求

めることを禁止していると解釈されています。そして、思想・良心の自由は、それが内心にとどまる限りいっさい制約してはならないとされています。

ところで、日本国憲法は98条で憲法の最高法規性を、99条で公務員等の憲法尊重擁護義務をそれぞれ規定しています。つまり、公権力は憲法に従わなければならず、憲法に反する公権力の行使は無効となります。この政府の統治を憲法の原理に基づき行わせる考え方を立憲主義といい、日本は立憲主義を採用しています。

日本国憲法は、第3章で基本的人権を保障し、これを「侵すことができない永久の権利」としています（11条）。立憲主義の下では、公権力が国民の基本的人権を侵害することはできません。そこで、ここでは、基本的人権の一つである思想・良心の自由を侵害しているのかどうかが争われた事案の検討を通じて、基本的人権の保障について具体的に考えてみようと思います。

今回の事案では、国歌（君が代）斉唱の際に国旗（日の丸）に向かって起立して国歌を斉唱すること（起立斉唱行為）を強制する職務命令が、これに反対する教員の思想・良心の自由を侵害して違憲であるとして争われました。

---

1 「この憲法は、国の最高法規であって、この条規に反する法律、命令、詔勅及び国務に関するその他の行為の全部または一部は、その効力を有しない」。
2 「天皇又は摂政及び国務大臣、国会議員、裁判官その他の公務員は、この憲法を尊重し擁護する義務を負う」。

第3章　立憲主義

事案の概要

　東京都内の公立中学校の教諭であったAさんは、校長から「卒業式または入学式では、国歌斉唱の際に国旗に向かって起立し国歌を斉唱するように」との職務命令を受けていましたが、これに従わなかったため、東京都教育委員会から、戒告処分を受け、服務事故再発防止研修を受講させられました。

　Aさんは、「天皇主権と統帥権が暴威を振るい、侵略戦争と植民地支配によって内外に多大な惨禍をもたらした歴史的事実から、『君が代』や『日の丸』に対し、戦前の軍国主義と天皇主義を象徴するという否定的評価を有しているので、『君が代』や『日の丸』に対する尊崇、敬意の念の表明にほかならない国歌斉唱の際の起立斉唱行為をすることはできない。したがって、起立して斉唱することを強制する校長の職務命令は憲法19条（思想・良心の自由）に違反するから、職務命令違反を理由にした戒告処分や服務事故再発防止研修などは違法である」と主張して、東京都に対して、懲戒処分などの取消しと国家賠償法1条1項に基づく損害賠償等を求めました（最高裁判所平成23年6月14日判決〔君が代起立斉唱事件〕を基に作成）。

判示した内容

　裁判所は、初めに、起立斉唱を強制する行為は、内心ではなく外部に表れた行動を問題としているのであるから、内心を問題とする思想・良心の自由を直接に制約するものではないとしました。そのうえで、本件の起立斉唱行為は、国旗および国歌に対する敬意を表明する要素を含む

ことから、Aに対し、その思想・良心（歴史観ないし世界観）に基づく敬意表明を拒否する行動と異なる外部的行為（敬意の表明の要素を含む行為）を求めることとなるため、外部的行動の制約を通じて、Aさんの「思想及び良心の自由」に対する間接的な制約となる面があるとして、日本国憲法19条に違反しないかの検討を進めました。

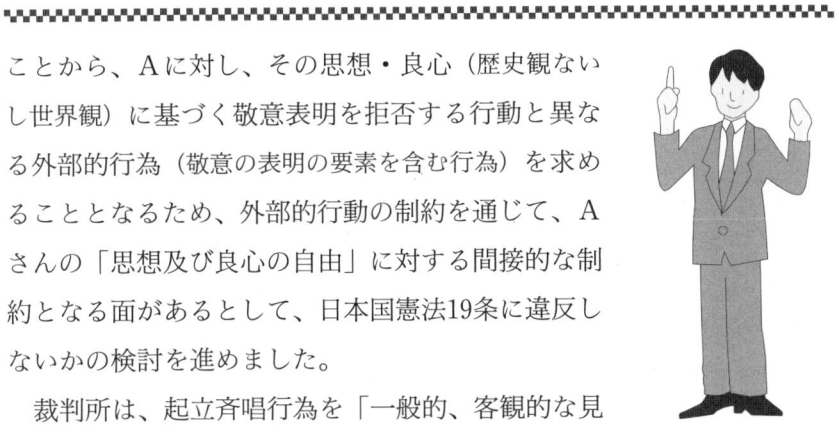

　裁判所は、起立斉唱行為を「一般的、客観的な見地からは、式典における慣例上の儀礼的な所作とされる行為を求めるもの」と評価したうえで、それを強制する職務命令が式典の円滑な進行を図る目的であったこと、その内容が中学校教育の目標である「国家の現状と伝統についての正しい理解と国際協調の精神の涵養」（学校教育法36条1号・18条2号）、学習指導要領の「学校の儀礼的行事の意義を踏まえての国旗国歌条項」に沿ったものであること、地方公務員が法令等および職務命令に基づき一定の制約を受けることは当然に予定されていること（日本国憲法15条2項、地方公務員法30条・32条）などを理由に、起立斉唱行為を強制した職務命令は制約を許容しうる程度の必要性および合理性が認められるとして、日本国憲法19条に反しないと判断しました。

裁判所の考え方と法教育的な視点

　思想・良心の自由は重要であり、厳格に尊重されなければなりません。しかし、それが単に内心にとどまることなく、人の行為として外部に現れた場合にまで、思想・良心の自由を侵害するとしてその行為をいっさい制限できないとすれば、その外部的行為と抵触する他者の幸福や自由が必要以上に制約されることが生じます。今回の事案では、万が一式典

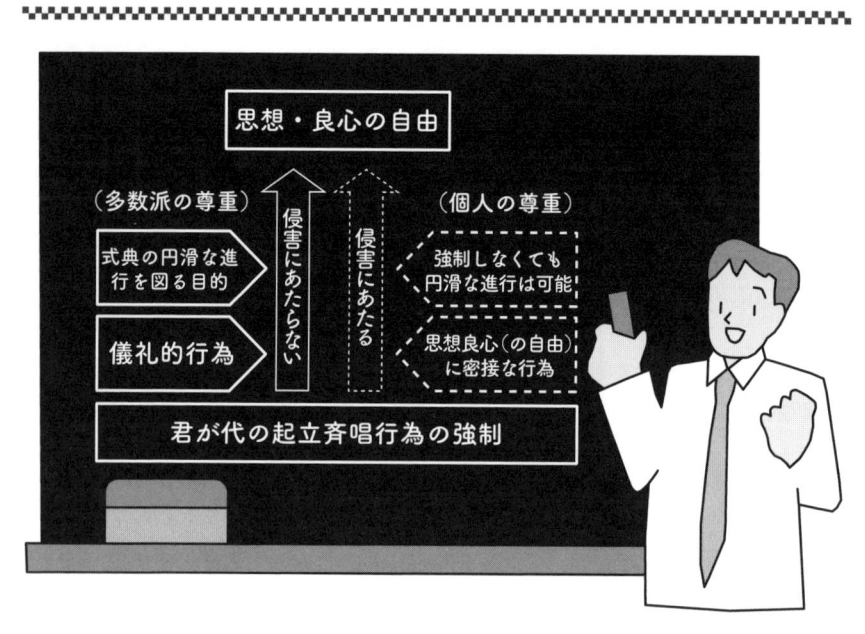

が混乱すれば、卒業というハレの日を穏やかな式で祝いたいと希望する卒業生や保護者、そのような雰囲気で卒業生を送り出したいと考える在校生や教職員の幸福と調整する必要が生じています。そこで今回の事案で裁判所は、「職務命令の目的及び内容並びに制限を介して生ずる制約の態様等を総合的に較量して、当該職務命令に制約を許容し得る程度の必要性及び合理性が認められるか否か」という基準の下に、一定の場合には、職務命令によって制限ができると考えました。

　そして裁判所は、起立斉唱行為を儀礼的な行為であると評価して思想・信条との関連性を低くとらえることによって、同行為の強制が、思想・良心の自由に対する侵害になる可能性は少ないと考えました。そして、式典の円滑な進行という目的の正当性や他の法令との整合性などからすれば、卒業式において起立して国歌を斉唱することを強要してもよいと判断したのです。

反対の立場から考える

　江戸幕府が、キリシタンを取り締まるために「絵踏み」を行わせたことは有名な話です。絵を踏むこと自体は単なる行為ですが、キリストの絵を踏むことは、キリシタンにとって内心にある信仰を否定することにほかなりません。「君が代」が戦前の軍国主義や国家体制との関係で果たした役割をとらえ、これに敬意をもち得ないとの強い信念をもっているAさんの立場に立ったときに、起立斉唱行為の強制は、キリシタンに絵踏みを強制させることと同様の制約であるといえるとの反論が考えられるでしょう。このような立場からは、起立斉唱行為を単なる「儀礼的な行為」と評価することは、事の本質を見誤った評価との批判があたるでしょう。

　また、「式典の円滑な進行を図る目的」という職務命令の目的自体を認めるとしても、起立をしない教員や起立をしたけれど斉唱しない教員がいた場合に、本当に式典は混乱して円滑に進行することができなくなるのでしょうか。その場合であっても式典が円滑に進行できる可能性は十分にあると考えれば、起立斉唱行為の強制は、必要性を超えた制約として日本国憲法19条に反することになるでしょう。

　学校教育で「国家の現状と伝統についての正しい理解」を教えること自体に異論もありますが、仮にそれを是認したとしても、そのことと君が代を起立斉唱することが論理必然であるとはいいきれないとの反論も考えられます。起立斉唱行為を拒否する教員の立場からすれば、起立斉唱しないことが「国家の現状と伝統についての正しい理解」につながると考えているのだと思われます。

　このように考えると、本件職務命令は、日本国憲法19条に違反すると

第3章 立憲主義

の反対の立場にも十分説得力があります。

判例を振り返って

　日本国憲法13条は、「すべて国民は、個人として尊重される」と定め、個人の尊重を明確に規定しています。つまり、一人ひとりが自分らしい生き方を全うすることを国として尊重し、そのことを不当に制約しないことを宣言しています。そして日本国憲法は、この個人の尊重を確保するため、権利としての基本的人権を保障し、社会のあり方を決めるしくみとして議会制民主主義を採用し、多数決によって社会のルールを定めています。

　このように、私たちが当然のように受け入れている民主主義や多数決は、それ自体が目的なのではなく、究極的には個人の尊重を目的とし、それを制度的に確保するためのしくみです。ですから、たとえ社会の多数派（議会制民主主義の下では、多数派の意見が政府の政策として反映される傾向にあります）であったとしても、個人の尊重（または、それを権利として認めている基本的人権）を侵害することは認められません。これが「プロローグ」で触れた「立憲主義」の考え方です。すなわち、少数派の人権については寛容でなければならないのです。

　したがって、基本的人権を侵害する事柄については、たとえ社会の多数派や社会から委託を受けて一定の権限をもっている人であっても決めることはできません。

もっとも、基本的人権を「侵害している」か「していない」かは、極めて価値観を伴う判断であり、機械的・画一的に結果が出るものではありません。この裁判でも、裁判所のように起立斉唱行為を儀礼的な行為と評価すれば、思想・良心の自由からの距離は遠くなり、職務命令の合憲性は緩やかに判断されることになります。他方、反対の立場のように、起立斉唱行為が思想・良心の自由と密接に関連していると評価すれば、職務命令の合憲性は厳しく判断することになるでしょう。そして、これらの考え方の背後には、社会全体と個人とのどちらに軸足をおいて考えるかの価値判断が横たわっているように思われます。

　すなわち、社会に紛争が生じた場合にどのように決着をつけるかは、法律の規定で一義的に導かれるのではなく、法律の枠組みに従いながらも、最終的には判断する人の考え方（価値観）に影響されることになります。その価値観は、その国や地域の歴史、時代や世相、おかれた環境などに影響を受けながら変化していくものです。ただ、どんな時代であっても忘れてはならないのは、人がいて社会が成り立っているということです。日本国憲法は、個人の尊重を根本価値として、私たちの社会を形づくろうとしているのです。

（村松　剛）

MEMO

MEMO

第 3 章　立憲主義

> ## 基本的人権を考える(2)
> ～人権の生成～
> ──1票の格差事件──

●ここでの学習目標●

1　1票の価値の平等がどこまで要求されるのか、人口的要素のほかに考慮すべき要素があるのかを考える。
2　人権の普遍性の意義について理解する。

プロローグ

　選挙権は民主主義の根幹をなす重要な権利です。当然、すべての人に平等に選挙権が与えられていなければならないと考えるのが今日の常識でしょう。「すべての人に平等に選挙権が与えられていなければならない」という場合、厳密には、普通選挙と平等選挙という二つの原則が含まれています。

　普通選挙とは、身分や財産で選挙権を制限することなく、男女を問わずすべての成人に選挙権を与える選挙のことをいいます。今でこそ当たり前のように思われていますが、普通選挙が完全に認められたのはごく最近のことにすぎません。そもそも日本で選挙権が認められたのは1890年（明治23年）の衆議院議員選挙の時でしたが、選挙権をもっていたのは直接国税を一定額以上納めている満25歳以上の男性に限られていました。25歳以上のすべての男性が選挙権をもつようになったのは、1925年（大正14年）のことでしたし、女性にも選挙権が認められたのは、1945

年（昭和20年）のことでした。

これに対して、平等選挙とは、本来は、複数選挙（特定の選挙人には複数の投票権を与える制度）や等級選挙（選挙人をいくつかの等級に分け、等級ごとに代表者を選ぶ制度で、等級ごとの選挙人あるいは代表者の数の違いから実質的な不平等が生じる）を否定し、すべての成人に等しい選挙権を与えることを要求するものです。

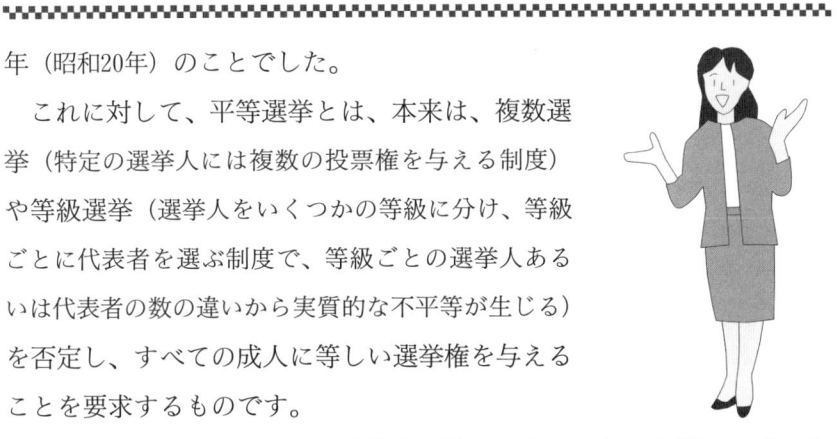

今日、一人1票をもつこと自体を否定する人はいないと思います。ところが、この平等選挙に関連して、定数1あたりの選挙人数（または人口）の不均衡が問題視されるようになってきたのです。

選挙は、全国を選挙区という区割りをしたうえで、その選挙区ごとに当選者を出すしくみが一般です。ところが、選挙区の人口は常に変動していますから、A選挙区では、定数1あたりの選挙人数が1000人なのに、B選挙区では、定数1あたりの選挙人数が500人となることも起こりうるわけです。そうなると、A選挙区の選挙民はB選挙区の選挙民の2分の1の投票価値しかないということになります。これは日本国憲法（以下では、単に「憲法」といいます）14条の平等原則に反するのではないかということが議論されるようになったのです。

人口格差を〔1対2〕以上にすることが許されるのか、〔1対2〕未満にしなければならないのか、それともさらに進んでできるだけ〔1対1〕になるようにしなければならないのか、そもそも人口的要素以外に考慮する要素がありうるのかといったことが問題となっています。

ここでは選挙制度の変更に伴う判例の考え方の推移と平成23年に出された最高裁判所の判例をみていくことで、人権の内容が固まっていく過程と、人権が普遍性を獲得するための闘いということを実感してもらえ

たらと思います。法教育的視点から判例を分析するというコンセプトからはやや離れるかもしれませんが、そうしたことを実感すること自体も法教育であると思います。

事案の概要

平成21年8月30日に実施された衆議院議員の総選挙において、選挙区間における人口格差が憲法14条に定める平等原則に反するとして争われた事案です（平成21年9月2日現在の有権者数における選挙区間の人口最大格差は「2.305倍」でした。2.305＝48万9246人〈千葉4区〉÷21万2254人〈高知3区〉。平成21年12月25日付け総務省資料）。

その際、最大の争点となったのが、「1人別枠方式」でした。小選挙区選挙では、人口に比例して各都道府県に定数を配当することにし、人口格差を〔1対2未満〕にすることを目標としていたものの、まず、各都道府県にあらかじめ「1」を配当し、これを控除したうえで、人口比に応じて各都道府県に定数を配当することにしたため、当初から人口格差を〔2倍未満〕とすることが困難だったのです。

このようなことから、衆議院小選挙区選出議員の小選挙区選挙の選挙区割りに関する公職選挙法等の規定は憲法に違反し無効であるから、これに基づき施行された本件選挙の上記各選挙区における選挙も無効であると主張して選挙無効訴訟が提起されました（最高裁判所平成23年3月23日判決（以下、「平成23年判決」といいます）〔1票の格差事件〕を基に作成）。

判示した内容

　裁判所は、1人別枠方式が選挙区間の投票価値の格差を生じさせている主要な要因であることを前提に、相対的に人口の少ない地域に対して定数的な配慮をすることについては、そもそも衆議院議員というものが、いずれの地域の選挙区から選出されたかを問わず、全国民の代表者であり、そのような事柄は全国的な視野から法律の制定等にあたって考慮されるべきであって、地域性にかかわる問題のために、投票価値の不平等を生じさせるだけの合理性があるとはいいがたいとしました。そして、1人別枠方式の意義は、①新しい選挙制度を導入するにあたり、直ちに人口比例のみに基づいて各都道府県への定数の配分を行った場合には、人口の少ない県における定数が急激かつ大幅に削減されることになるため、国政における安定性・連続性の確保を図る必要があると考えられたこと、②何よりもこの点への配慮なくしては選挙制度の改革の実現自体が困難であったと認められる状況の下でとられた方策であるということにあるとしたのです。そのうえで、新しい選挙制度が定着し、安定した運用がされるようになった段階においては、その合理性は失われて憲法に反する状態になっているとしました。

　しかし、前回の総選挙に対する選挙無効訴訟で、憲法の投票価値の平等の要求に反するに至っていない旨の裁判所の判断が示されていたことなどを考慮して、本件選挙までの間に本件区割基準中の1人別枠方式の廃止およびこれを前提とする本件区割規定の是正がされなかったことをもって、憲法上要求される合理的期間内に是正がされなかったものという

ことはできないとしました。

そこで、国会に対して、できるだけ速やかに本件区割基準中の１人別枠方式を廃止し、投票価値の平等の要請にかなう立法的措置（区割規定の改正など）を講ずるよう要請するにとどめました。

裁判所の考え方

➡ はじめに

投票価値の平等については、議員（ただし参議院）の定数不均衡が初めて争われた裁判において、裁判所は、人口数に比例する定数配分を「法の下の平等の原則からいって望ましいところである」と説くにとどまっていました（最高裁判所昭和39年２月５日判決）。

これに対して、中選挙区制がとられていた衆議院議員選挙に関して、裁判所（最高裁判所昭和51年４月14日判決）は、選挙権は民主主義の根幹をなす基本的な権利であり、その平等は投票価値の平等の要請を含み、しかも、それは「憲法の要求するところである」という立場を明らかにしました（その根拠として、憲法14条１項・15条１項・３項・44条ただし書をあげています）。

ただ同時に、衆議院議員の選挙における選挙区割と議員定数の配分の決定には、極めて多種多様で複雑微妙な政策的・技術的考慮要素が含まれており、結局は国会の裁量権の合理的な行使として是認されるかどうかによって決するほかないが、これを超えるときには憲法違反となるとして、人口的要素のみならず非人口的要素も広く考慮に入れることを容認しました。また、人口の変動の状

〔表１〕 中選挙区制の下での１票の格差と最高裁判決

対象選挙	判決日	格　差	判決内容
1972年衆院選	1976年（昭和51年）４月14日	4.99	違　憲
1980年衆院選	1983年（昭和59年）11月７日	3.94	違憲状態
1983年衆院選	1985年（昭和60年）７月17日	4.40	違　憲
1986年衆院選	1988年（昭和63年）10月21日	2.92	合　憲
1990年衆院選	1993年（平成５年）１月20日	3.18	違憲状態
1993年衆院選	1995年（平成７年）６月８日	2.82	合　憲

態をも考慮して「合理的期間内」における是正が憲法上要求されていると考えられるのに、それが行われない場合に限って違憲となるという基準も示しました。その後の中選挙区制の下での裁判所の判断の推移は、〔表１〕のとおりです（衆議院議員選挙に限る）。裁判所自体は１票の格差の数値基準を示したことはないのですが、〔１対３〕を超えると違憲ないし違憲状態と判断されることから、裁判所は〔１対３〕を基準としているとの推測がなされました。

● 小選挙区制の導入と最高裁判例

1994年（平成６年）に中選挙区制から小選挙区比例代表並立制へと移行しました。１選挙区から一人しか当選者を出さない小選挙区制を導入すれば、同じ政党候補同士の争いは起きず、また投票者の半数近くの票を得なければ当選できないので、特定利権より広範な市民の利益が優先されるようになるし、政権交代も容易になると考えられ、政治改革の一環として導入されたのです。ただし、中選挙区から小選挙区への移行は与党・野党を問わず抵抗があったため、復活当選による救済の可能性と少数政党の一定の議席が見込める比例代表制を並立する形がとられました。

しかも、これまでの判例より先に進む形で、衆議院議員選挙区画定審議会設置法（以下、「区画審設置法」といいます）3条1項では、人口格差を〔1対2未満〕にすることを目標としました。しかし、それにもかかわらず、同条2項において、本件で問題となった「1人別枠方式」を採用したため、当初から1票の格差を〔2倍未満〕に抑えることが困難となってしまったのです。

小選挙区比例代表並立制の下の総選挙は、1996年（平成8年）10月、2000年（平成12年）6月、2003年（平成15年）11月、2005年（平成17年）9月に4回行われており、いずれの選挙においても、最大格差が2倍を超えており、選挙のたびに選挙無効訴訟が提起されました。その最初の裁判所の判断では、「選挙区割りを決定するに当たっては、議員1人当たりの選挙人数又は人口ができる限り平等に保たれることが、最も重要かつ基本的な基準であるが、国会はそれ以外の諸般の要素をも考慮することができるのであって、都道府県は選挙区割りをするに際して無視することができない基礎的な要素の一つであり、人口密度や地理的状況等のほか、人口の都市集中化及びこれに伴う人口流出地域の過疎化の現象等にどのような配慮をし、選挙区割りや議員定数の配分にこれらをどのように反映させるかという点も、国会において考慮することができる要素というべきであ」り、これらの要素を総合的に考慮して、「区割りの基準を定めたことが投票価値の平等との関係において国会の裁量の範囲を逸脱するということはできない」と判示し（最高裁判所平成11年11月10日判決）、その後も合憲との判断が続いていました。

これに対して、2009年（平成21年）8月の衆議院議員総選挙について提起された選挙無効訴訟において、平成23年判決は、「違憲状態」と判断したのです。裁判所の判断の推移は、〔表2〕のとおりです（2003年の衆議院議員総選挙に対する訴訟は、最高裁判所の判断が出る前に衆議院の

〔表2〕 小選挙区制の下での1票の格差と最高裁判決

対象選挙	判決日	格　差	判決内容
1996年衆院選	1999年（平成11年）11月10日	2.309	合　憲
2000年衆院選	2001年（平成13年）12月18日	2.471	合　憲
2005年衆院選	2007年（平成19年）6月13日	2.171	合　憲
2009年衆院選	2011年（平成23年）3月23日	2.30	違憲状態

解散・総選挙となりました）。

1票の価値についての考え方の推移と最高裁判所の立場

　このように1票の価値の平等については、裁判所は、当初の「法の下の平等の原則からいって望ましいところである」という立場から「憲法の要求するところである」という立場に変えたものの、人口的要素のみならず、それ以外の諸般の要素をも考慮することができるとして、その一つとして、過疎地に対する配慮があるとしていました。そうした中で、中選挙区制の下での衆議院選挙では、最大格差〔1対3〕を許容していたわけです。

　しかし、学説からは少なくとも〔1対2〕を超える格差を許容することはできないと批判されてきました。そして、個々の国民の選挙権の行使としての1票の価値もまた平等でなければならないという意識が国民の間で高まってきたとことを背景に、小選挙区制を導入する際に制定された区画審設置法によって、人口格差を〔1対2未満〕にすることが目標にされたのです。

　ただ、1人別枠方式を採用したため、〔1対2未満〕とすることが当初から無理だったわけです。この1人別枠方式に関しても、平成23年判決の前までは、過疎地に対する配慮という政策的理由を前提に人口格差が〔2倍〕を超えたとしても許容するという態度をとっていたのに対し、

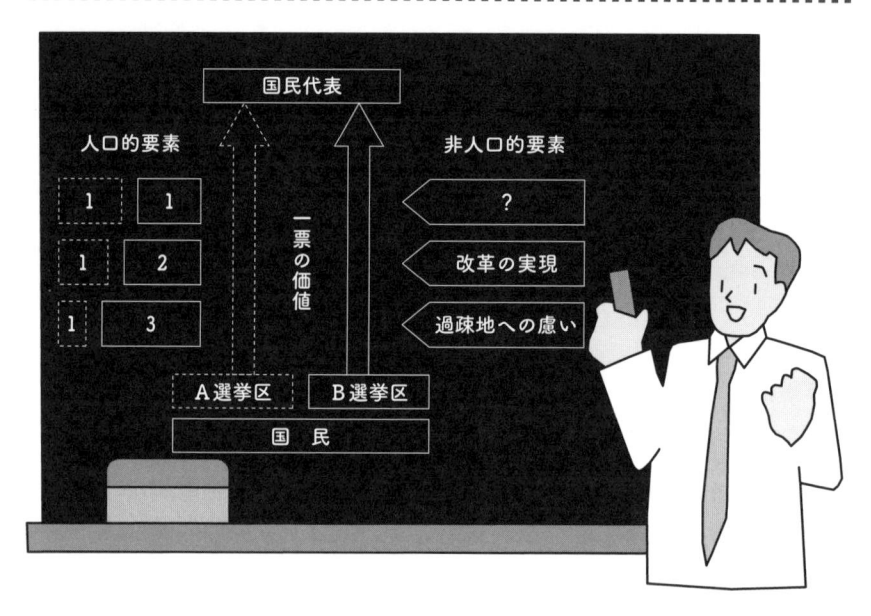

平成23年判決では、過疎地への配慮については全国民の代表者の理屈により明確に否定したのです。

　もっとも、裁判所は、「投票価値の平等は、選挙制度の仕組みを決定する絶対の基準ではなく、国会が正当に考慮することのできる他の政策的目的ないし理由との関連において調和的に実現されるべきものである」るとして、これまでの判決と同じ判断枠組みを採用しました。

　人口的要素以外に考慮される非人口的要素として、前述した選挙制度の改革の実現といった政策的理由も入るということなのでしょうが、過疎地への配慮は明確に否定したのですから、改革が実現した現在、非人口的要素としてどのようなものがあるのかはますますわかりにくくなってきました。また、依然として１票の価値の数的基準は示していません。この判決は、結果としては１票の価値の格差は〔２倍未満〕とすべきだとしているととらえられていますが、考慮されるべき合理的な非人口的要素があれば、〔２倍〕を超えても合憲とされる余地があるとも考えら

れます。

反対の立場から考える

　これに対して、この判決には反対意見がついていました。ある反対意見は、1人別枠方式について、立法当初から違憲であったことを認めたうえで、衆議院議員選挙は、あくまで全国民を代表する議員を選出する選挙であり、各選挙区の利益代表を選出する選挙ではないのであり、第一院たる衆議院の位置づけからすれば、小選挙区制の下での各選挙区間の投票価値の平等に優先する「政策的目標ないし理由」なるものはなかなか見出しがたいといっています。

　また、他の反対意見でも、国会は、衆議院および参議院について、国民の代表という目標を実現するために適切な選挙制度を決定することに関し広範な裁量権を有するが、選挙区や定数配分を定めるには、人口に比例して選挙区間の投票価値の比率を可能な限り〔1対1〕に近づける努力をしなければならないとしています。

判例を振り返って

　人権は普遍的なものであるといわれます。しかし、その歴史をみればわかるように最初から普遍的に認められていた人権などないのです。人類が「この権利は普遍的なものなんだ」と叫びながら勝ちとったものなのです。そうした意味では、投票価値の平等もまたその普遍性を獲得するための闘いの最中であるといっても過言ではないでしょう。

　この判決はそうした過程の中の判決です。そして、この判決は、過去の判例との整合性を重視した判決だといえるでしょう。投票価値の平等

が絶対の基準ではないという判断枠組みを維持することによって、1人別枠方式に関しては、選挙制度の改革の実現といった政策的理由によって一時的に合理性が認められたという論理展開を可能にしたわけです。ただ、過疎地への配慮という政策的理由は明確に否定したのですから、今後、投票価値の平等に優先する政策的理由としてどういうものがあげられるのか、はたまたこうした判断枠組み自体を維持する必要があるのかが引き続き問われなければならないでしょう。

（根本信義）

MEMO

MEMO

MEMO

第 3 章　立憲主義

> # 権力相互のあり方を考える
> ～立法・行政と司法の役割分担～
> ──朝日訴訟事件──

●ここでの学習目標●
1　日本国憲法は国民一人ひとりが幸福になれるように個人の尊厳を理念とし、基本的人権の尊重をその基本原理の一つとしているところ、ここでは生存権とは何かを理解する。
2　立法・行政と司法の役割分担を理解しながら、両者の調整によってどのように生存権を実現していくべきかを考える。

プロローグ

　日本国憲法は、個人の尊厳の尊重を理念とし、基本的人権を保障することとしています。

　この基本的人権には、表現の自由や経済活動の自由などの自由権（国家から個人の意思決定や活動の自由を制限されない人権）と、生存権や教育を受ける権利のような社会権（個人の生存・発展のための諸条件を整備するため、国家に一定の行為を要求する権利）に分けられます。

　自由権が侵害された場合、その侵害を排除するためには、国家による侵害行為を停止すれば足りるので、その実現方法は比較的容易です。

　他方、社会権の場合はどうでしょうか。

　国が個人の生存・発展のための諸条件を整備するといっても、後でみるようにその方法はさまざまです。また、その実現のための原資をどう

調達するのかという問題も検討しなければなりません。つまり、社会権が充足されていない（侵害されている）としても、その状態を改善（侵害状態の排除）する方法は一様ではありません。

そうすると、社会権が侵害されているとして、その実現を裁判所に求めることが可能なのかという問題が出てきます。換言すれば、社会権の実現のための役割分担として、立法・行政と司法のいずれがふさわしいのかという問題です。

以下では、生活保護の内容が問題となった裁判例をとおして、生存権の内容を学び、その実現方法を行政と司法の役割分担という観点から考えてみます。

事案の概要

Xは、長期にわたってA療養所に肺結核患者として入所し、生活保護法に基づいて厚生大臣（当時。以下では、裁判当時の名称を使用します）が設定した生活扶助基準により日用品費として毎月600円（日本銀行が公表している「消費者物価指数」によれば、現在の約2200円）の生活扶助と給食付医療扶助を受けていましたが、兄から扶養料として毎月1500円（現在の約5400円）の送金を受けるようになったため、B市社会福祉事務所長は、毎月600円の扶助を打ち切り、上記の送金額から日用品費として600円を差し引いた残りの900円（現在の約3200円）を医療費の一部自己負担額とさせる保護変更決定をしました。

この変更決定について、Xは、県知事と厚生大臣（行政）に対して不服申立てをしましたが却下されました。

そこで、Xは、生活保護処分に関する裁決取消訴訟を提起しました（最高裁判所昭和42年5月24日判決〔朝日訴訟事件〕を基に作成）。

判示した内容

はじめに

この事件は、生存権の具体化の一つである生活保護法による生活保護の受給基準が問題となったものです。生活保護とは、資産や能力等すべてを活用してもなお生活に困窮する者に対し、困窮の程度に応じて必要な保護を行い、健康で文化的な最低限度の生活を保障し、その自立を助長する制度をいいます（厚生労働省ホームページ「生活保護制度」<http://www.mhlw.go.jp/stf/seisakunitsuite/bunya/hukushi_kaigo/seikatsuhogo/seikatuhogo/> 参照）。

最高裁判所の判断

まず、最高裁判所は、日本国憲法25条1項について、すべての国民が健康で文化的な最低限度の生活を営むことができるように国政を運営すべきことを国の責務として宣言したにとどまり、直接個々の国民に対して具体的な権利を与えたものではく、日本国憲法の規定の趣旨を実現するために国会（立法）がつくった法律である生活保護法によって初めて与えられるものだといいました。

そして、何が健康で文化的な最低限度の生活であるかは、文化の発達や国民経済の進展に伴って向上するのはもとより、多くの不確定な要素を総合的に考えて決めなければならないので、その判断は厚生大臣（行政）の合目的的な裁量に委ねられており、当不当の問題として政府の政治責任が問われることがあっても、直ちに違法な行為として司法審査（裁判所（司法）の判断）の対象とはならないと述べました。

そのうえで、本件における生活扶助基準が入院入所患者に必要な最低限度の日用品を購入するに足るとした厚生大臣（行政）の判断は、与

えられた裁量権の限界を超えた違法があるものとは到底いえないと結論づけました。

裁判所の考え方と法教育的な視点

➡ 考えるヒント──生存権とは

　日本国憲法25条1項は、「すべて国民は、健康で文化的な最低限度の生活を営む権利を有する」と定めて、生存権を人権として保障しています。

　人権とは、人間が人間として生きていくための不可欠な権利であり、人が生まれながらに当然にもっている権利とされます。イギリス、フランス、アメリカなどの近代市民革命をとおして圧政に抵抗することによって確立された近代立憲主義（憲法によって国家権力に縛りをかける）では、基本的人権の尊重を一つの重要な原理としています。

　人権という概念は、当初は、国家権力に対するものとして成り立ち、国家により個人の自由を侵害されないことを基本的な考え方としていました。国家が個人の領域に対して権力的に介入することを排除して個人の自由な意思決定と活動を保障する人権を自由権といいます。

　しかし、その後、経済が発展して社会が成熟していくと、富の偏在、労働条件の劣悪化などの問題が生じ、社会的・経済的弱者を保護して実質的平等を図るという社会国家（福祉国家）の理念が発展し、20世紀になって、生存権を含む社会権という概念が確立されていきます。

　社会権は、国に対して一定の行為を要求する権利です。近代立憲主義が確立した社会においては、生存す

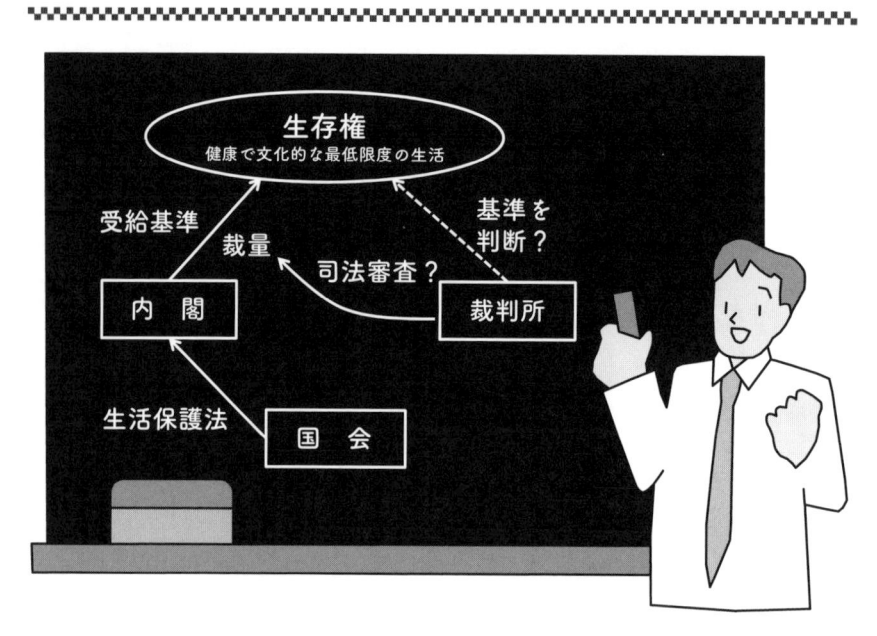

ることを国家から妨げられない権利だといっても、それは貧乏の自由、空腹の自由でしかないからです。社会権は、資本主義の発達に伴って生じた貧困などの問題を解決するため積極的に国の施策を要求する権利としてとらえることに大きな意味があるのです。

このように、一口に人権といっても、その内容や実現の方法はさまざまです。

➡ 国民の権利を実現するための行政と司法の役割分担

生存権は、国会（立法）がつくった生活保護法の規定によって具体化されており、この法律に基づく保護受給権は、厚生大臣（行政）の定める基準によると規定されています。そこで、裁判所は、基準を定めるのは厚生大臣（行政）の合目的的な裁量に委ねられていて、よほどのことがなければ裁判所（司法）が違法と判断することはできないとし、本件で実際に定めた基準は裁量権を超えたものとは到底いえないとしました。

最高裁判所の判断の背景には、以下のような事情があると考えられま

す。

　まず、そもそも生存権の保障には国家予算による制約がありますし、個人に対して現金や物品を支給するだけが生存権の保障につながる施策ではありません。生活保護者が利用できる施設をつくることなども方法の一つですし、国民一般を対象とする消費税その他の税率の変更等によっても個人が使えるお金が変わってくるので生存権の保障に影響がでてきます。時代とともに常に変化し続ける国民生活の実態に関する統計資料の収集や、専門的な考察に基づき国家予算をいかなる施策に投じていくかは、裁判所が決めるべき問題ではないし、決めることは困難でしょう。このような側面を有するのがまさに社会権である生存権の性質であり、行政の専門的な判断が必要になってくるのです。

　しかるべき経済発展を遂げた日本では、日本国憲法25条を具体化する各種の社会福祉的な法律が制定されており、予算に従ってそれなりの運用がなされているという評価も可能でしょう。

反対の立場から考える

　しかし、そもそも人権とは何か、生存権とは何かという根本的な問いに立ち返って考えた場合、厚生大臣（行政）の定めた基準を裁判所が判断できないのはもっともであり仕方ないとして、議論を終わりにしてよいものでしょうか。

　健康で文化的な最低限度の生活を保障すべき生存権は、人間として生きる権利そのものです。裁判所（司法）は、国家権力の支配（人の支配）を排除し、権力を法で拘束することによって国民の権利・自由を守ることを目的とする法の支配の原理を体現する機関であり、権力によって侵されない個人の人権、特に少数者の人権を救済する「最後の砦」ですか

ら、その役割を簡単に放棄すべきではありません。

　また、裁判所には、いっさいの法律、命令、規則または処分が日本国憲法に適合するかしないかを決定する権限が与えられています（違憲審査制）。

　このような裁判所の役割や権限を前提に、生存権を実現するための行政と司法の役割分担という視点で考えてみるとどうでしょうか。

　まず、生存権は、日本国憲法25条1項によって人権として保障されたものであり、最高裁判所のように法律によって与えられるものと考えるのは妥当ではなく、生存権を具体化する法律がない場合には、国会（立法）が生存権を保障する法律をつくらない不作為に対して憲法違反であることを確認する訴訟（違憲確認訴訟）を提起できると考えられます。ただし、この方法のよると、どのような訴訟手続によるべきか、仮に訴訟を提起できて違憲判決までなされた場合にも、国会（立法）の立法行為に対してどのような効果、影響があるのかが不明であるなどの問題がありますが、それでも、司法府の役割分担を積極的に考えるのであれば検討すべき方法です。

　また、裁判所においても、一人の人間が人としての尊厳を保つことのできる文化的な最低限度の暮らしをするには、どの程度の給付が必要であるかの基準について積極的に判断することはできないでしょうか。単純に一人の人間が1ヵ月、1年と生きていくのに必要な物資から考えて一定の基準を見出すことは、それほど専門的な判断が必要ではなく、また、戦後の混乱期であればともかく

時代が進み福祉財政が相当程度に確立している現在においては、裁判所が、厚生大臣(行政)の定めた基準に対してより積極的に判断できると考えることも無理な考えではないでしょう。本件事案は今とは時代背景が異なる事実関係を前提としている部分がありますので、現在に置き換えて考えた場合、判断が変わってくることもあるのではないでしょうか。

さらに、生存権を具体化する立法がない場合において、上記の違憲確認訴訟という不確かな方法によらず、国に対して直接生活扶助費を請求して裁判所に訴えることができるか、つまり裁判所が一定の基準を決めて国に支払えとの判断をすることについてはどうでしょうか。これについても、時代背景や求める内容によっては、可能であると考えることも誤りとはいえないでしょう。

判例を振り返って

これまでにも、「人権」や「権利」という言葉は聞いたことがあるでしょうが、どのようなイメージをもっていたでしょうか。憲法や法律を見れば正解が書いてあるというものではありません。その内容は一義的に決まっているとは限らず、さまざまな観点から議論して決めていかなければならないものもあります。

また、ここで取り上げた生存権は、自由権的側面のみならず、国に対して一定の行為を要求する権利として社会権としての側面をもつとされるため、その実現方法も問題となります。

本件で問題となった生存権の場合、その実現方法を検討するには、行政と司法の役割分担という大きな視点で考えることが不可欠であることを学ぶとともに、生存権という時代とともに保障内容が変化しうる人権の実現にとっては両者の調整がいかに難しいことであるかを議論するこ

とが重要となるのです。

(渡邊昌秀)

MEMO

MEMO

MEMO

第3章 立憲主義

> # 国民の司法参加を考える
> ～公正な裁判と国民参加の関係～
> ──裁判員制度合憲事件──

●ここでの学習目標●

1 日本国憲法上、国民主権原理と裁判とはどのような関係にあるのかを理解する。
2 そのうえで、日本国憲法が適正な刑事裁判を実現するためにさまざまな人権規定をおいていることに気づき、立憲主義という考え方を理解する。

プロローグ

➡ アメリカの裁判の伝統

　アメリカの西部開拓時代においては、中央の管理が地方まで行き届かなかったため、開拓民たちは自分たちで保安官を雇って町の治安にあたらせていました。しかも、「自分たちの仲間は自分たちで裁く」という意識が強かったので、自分たちで犯罪者に対する裁判も行うこともしばしばみられたようです。昔の西部劇映画を観ていると、よくこんなシーンが登場しました。犯罪を侵したとされる犯人に対して、民衆が「つるせ！」と叫びながら熱狂する中、人民裁判で有罪にし、しかも即刻縛り首にするといった場面です。

　これがえん罪であれば、事態は深刻です。そうした題材を扱ったものに『牛泥棒』という映画があります。西部開拓時代のある町で、牧場主

が殺され、牛が盗まれる事件が起きたのです。怒りに駆られた町の男たちは、町を留守にしていた保安官に代わって捜索隊を組んで犯人を追いかけます。捜索隊は、牛の群れを率いて野営していた三人組を見つけ拘束します。彼らは無実を主張しますが、結局多数決で縛り首となります。その後、保安官がやってきて、牧場主が死んでいないことと、真犯人が捕まったことを一行に伝えるのです。

これは映画の話ですが、たぶん似たような話が現実にたくさんあったと思われます。アメリカはこうした過ちを経験しながらも、「自分たちの仲間は自分たちで裁く」という伝統は残り、それが陪審制となりました。陪審制とは、事件ごとに、国民から無作為で選ばれた陪審員が、審理に参加し、裁判官の加わらない評議によって事実認定を行うという制度のことです。

陪審制を扱った映画も多いですが、その中でも、父親殺しの罪に問われた少年の裁判で、陪審員が評決に達するまで一室で議論する様子を描いた『12人の怒れる男』が秀逸でしょう。全陪審員一致で有罪になると思われたところ、ただ一人、証拠を一つひとつ再検証することを要求する陪審員が立ち上がります。やがて真剣な議論によって、一つひとつの証拠の信用性が崩れ去り、無罪の評決を下すという内容です。

日本の裁判の伝統

こうしたアメリカの伝統とは異なり、日本では、裁判は職業裁判官が行うという伝統がありました。

しかし、小泉純一郎内閣時代に司法制度改革の一環として、裁判員の参加する刑事裁判に関する法律（以下、「裁判員法」といいます）が成立します。

裁判員制度とは、一定の重大な刑事事件について、事件ごとに国民から無作為に選ばれた裁判員が裁判官とともに審理に参加する制度をいい

第3章　立憲主義

ます。裁判は、原則として裁判員6名、裁判官3名の合議体で行われます（被告人が事実関係を争わない事件については、裁判員4名、裁判官1名で審理することが可能です）。

　裁判員は審理に参加して、裁判官とともに、証拠調べを行い（裁判員は証人や被告人に質問することもできます）、有罪か無罪かの判断をするだけでなく、有罪の場合の量刑の判断を行います（ただし、法律の解釈についての判断や訴訟手続についての判断など、法律に関する専門知識が必要な事項については、裁判官が担当することになっています）。これらの点が、陪審員だけで事実認定だけを行う陪審制と決定的に違う点です。

　有罪判決をするためには、合議体の過半数の賛成が必要なだけでなく、裁判員と裁判官のそれぞれ1名は賛成しなければならないとされています。

● 国民と裁判の関係

　このように、国民と裁判との関係は国によってさまざまです。アメリカでは、民主主義との関連で陪審制が語られることもあるようですが、そうすると、裁判に国民が関与する制度をもたない国は民主主義国家とはいえないのでしょうか。ここではこの点を掘り下げて考えていこうと思います。

事案の概要

　日本在住のフィリピン国籍の被告人（女性）が、氏名不詳者らと共謀して、覚醒剤約2kgを航空機内に搭載して、マレーシアから成田空港

まで持ち込んだとして、覚せい剤取締法違反、関税法違反で起訴されたという事件です。

これに対して、被告人は、覚醒剤とは知らなかったから犯罪は成立しないとして争いました。裁判員裁判が行われた第１審では、被告人は覚醒剤と知っていたとして有罪と認めたうえで、懲役９年および罰金400万円の判決を下しました。そこで、被告人は、事実認定が間違っていること、量刑が不当であることを理由に控訴しましたが、その際、裁判員制度は憲法に反するとの主張も付け加えました。しかし、控訴審でも、控訴が棄却されたため、最高裁判所に上告しました。この上告について、裁判員制度の合憲性についてのみ判断したという事件です（最高裁判所平成23年11月16日判決〔裁判員制度合憲事件〕を基に作成）。

判示した内容

日本国憲法（以下では、単に「憲法」といいます）には、国民の司法参加を認める旨の規定がおかれていません。だからといって、国民の司法参加を禁止しているわけではなく、憲法が採用する統治の基本原理や刑事裁判の諸原則、歴史的状況を含めた憲法制定の経緯、憲法の関連規定の文理を総合的に検討して判断されるべき事柄であるとしました。

そして、裁判員制度の合憲性について、次のように結論づけました。

> 国民の司法参加に係る制度の合憲性は、具体的に設けられた制度が、適正な刑事裁判を実現するための諸原則に抵触するか否かによって決せられるべきものである。換言すれば、憲法は、一般的には国民の司法参加を許容しており、これを採用する場合には、上記の諸原則が確保されている限り、陪審制とするか参審制とするかを含め、その内容を立法政策に委ねていると解される。

裁判所の考え方と法教育的な視点

→ はじめに

　被告人側は、裁判員制度が憲法に反する理由としてさまざまな理由をあげ、裁判所もそれに一つひとつ応答しています。しかし、ここでは細かい点は省略し、前提問題である裁判と国民の関係をどう考えるのかということを中心に考察していきます。国民主権の考え方からすれば、裁判にも国民が参加できるのは当然だと考えることもできそうです。しかし、憲法は、国民の司法参加を認める旨の規定をおいていません。こうした構造をどうとらえるかという問題です。

→ 「裁判」対「国民主権」

　憲法が、国家権力を立法権・行政権・司法権に分け、それぞれ国会・内閣・裁判所に担当させていることは小学校で学びます。

　一方で、憲法の原理として国民主権があることも小学校で学びます。小学校段階では、国民主権は国民が国会の構成員である議員を直接選挙によって選ぶという形で実現されるという説明がなされます。しかし、国民主権と内閣・裁判所がどのような関係に立つのかについては、小学生段階でははっきりとは教えてもらえなかったのではないでしょうか。

　内閣の場合、内閣総理大臣や国務大臣を国民が直接に選ぶわけではありません。しかし、実際には、選挙で選ばれた国会議員の中から内閣総理大臣が指名され、国務大臣の半数は国会議員の中から選ばれるという形で（さらにいえば、選挙によって第一党となった政党の党首が内閣総理大臣となり、その政党に所属している議員が国務大臣となるという形で）、間接的に民意によるコントロールを受けている、すなわち国民主権の理念に則っているといえるでしょう。

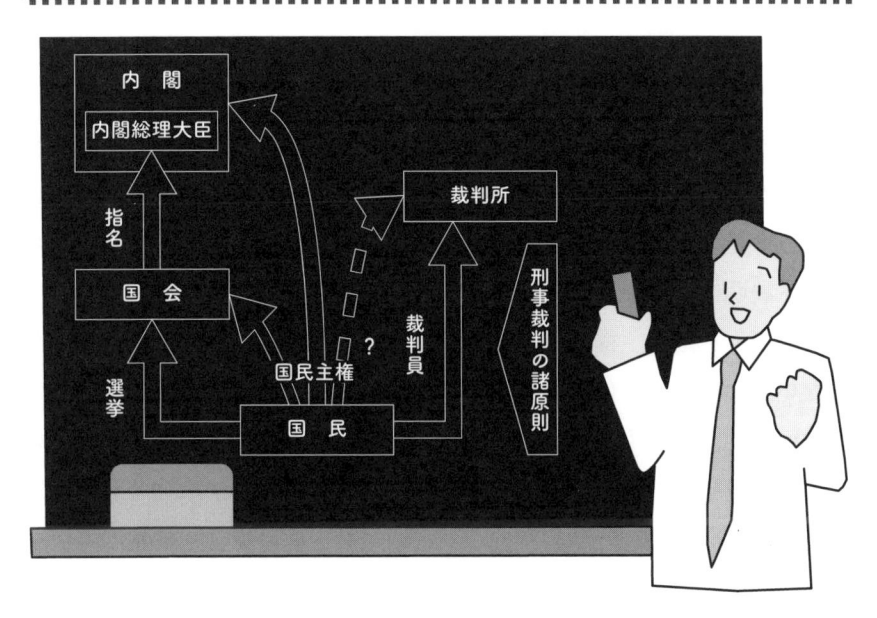

これに対して、裁判所はどうでしょうか。最高裁判所の裁判官についてだけは国民審査という形で民意によるコントロールのしくみがありますが、それ以外の下級裁判所の裁判官については、直接的にも間接的にも民意によるコントロールのしくみというものはありません。逆に、裁判官には身分保障が認められ、裁判官が裁判をするにあたっては外部からの圧力や干渉を受けずに、公正無私に職責を果たすことが期待されているのです。

 なぜ、憲法は統治機構をこのようなわかりづらい構造にしたのでしょうか。

 国会や内閣は、国民の生活にかかわる政策を立案し実行する機関です。そうした機関は、国民の声を十分に聞いてその声を反映する必要があるのはもちろんです。

 しかし、冒頭の『牛泥棒』の捜索隊のように、国民の声は時として、冷静な判断を失った拍手と熱狂に変わることがあります。つまり、民主

主義といえども時として判断を誤ったり暴走したりする危険はあるわけです。そこで、裁判所は国民の拍手と熱狂から一歩離れることにより、法の客観的な意味を冷静に見つめ、個々の事件に対して適正な判断をすることが期待されたわけです。

そうすると、裁判員制度というものが国民主権から当然に認められるとする説明はできなくなります。

裁判所も、国民主権の見地から裁判員制度を当然取り入れなければならないとしているわけではありません。裁判員制度には「民主的基盤の強化」という価値も認められるので、「適正な刑事裁判を実現するための諸原則に抵触」しない限りにおいては合憲だとしたのです。「民主的基盤の強化」とは、一般の国民が、裁判の過程に参加し、裁判内容に国民の健全な社会常識がより反映されるようになることによって、国民の司法に対する理解・支持が深まり、司法はより強固な国民的基盤を得ることができるようになるということを意味します。裁判員法1条も「国民の中から選任された裁判員が裁判官と共に刑事訴訟手続に関与することが司法に対する国民の理解の増進とその信頼の向上に資する」ことが立法目的だと述べているところです。

● 「権力」対「人権」（立憲主義）

それでは、「適正な刑事裁判を実現するための諸原則」とは何でしょうか。裁判所は、次のようにいいます。

> 刑事裁判は、人の生命すら奪うことのある強大な国権の行使である。そのため、多くの近代民主主義国家において、それぞれの歴史を通じて、刑事裁判権の行使が適切に行われるよう種々の原則が確立されてきた。基本的人権の保障を重視した憲法では、特に31条から39条において、適正手続の保障、裁判を受ける権利、令状主義、公平な裁判所の迅速な公開裁判を受ける権利、証人審問権および証人喚問権、弁護人依頼権、自己負罪拒否の特権、強制による自白の

> 排除、刑罰不遡及の原則、一事不再理など、適正な刑事裁判を実現するための諸原則を定めており、そのほとんどは、各国の刑事裁判の歴史を通じて確立されてきた普遍的な原理ともいうべきものである。

　こうした諸原則の多くは、捜査や公判手続における権利規定ですので、裁判員制度を採用したからといって直ちに抵触することはありません。

　ただ、「公正な裁判を受ける権利」の意味内容は問題となり得ます。今でも重大事件が起きれば、法の限度を超えてでも被告人を厳罰に処せという国民の声が起こります。裁判員制度を導入することで、このような声に左右される裁判となるようでは、公平な裁判とはいえなくなるからです。

　この点、裁判所は、裁判員の選任のための手続において、不公平な裁判をするおそれがある者、あるいは検察官および被告人に一定数まで認められた理由を示さない不選任の請求の対象とされた者などが除かれたうえ、残った候補者からさらにくじその他の作為が加わらない方法に従って選任されることから、裁判員は、公平性・中立性を確保できるよう配慮された手続の下に選任されていること、さらに、解任制度により、判決に至るまで裁判員の適格性が確保されていることを指摘しています。

　そして、裁判員の権限は、裁判官とともに公判廷で審理に臨み、評議において事実を認定し、法令を適用したり有罪の場合の刑の量定について意見を述べ、評決を行ったりすることにありますが、これら裁判員の関与する判断は、必ずしもあらかじめ法律的な知識・経験を有すること

が不可欠な事項であるとはいえないとしています。結局、裁判長は、裁判員がその職責を十分に果たすことができるように配慮しなければならないとされていることをあわせ考えると、上記のような権限を付与された裁判員が、さまざまな視点や感覚を反映させつつ、裁判官との協議を通じて良識ある結論に達することは、十分期待することができるとして、公平な裁判所における法と証拠に基づく適正な裁判が行われると結論づけています。

判例を振り返って

裁判員制度については、立法段階からさまざまな議論がなされていましたが、この判決により、一応の決着をみたといえます。ただ、判決は、最後にこうもいっています。裁判員制度は、「国民の視点や感覚と法曹の専門性とが常に交流することによって、相互の理解を深め、それぞれの長所が生かされるような刑事裁判の実現を目指すもの」で、「その目的を十全に達成するには相当の期間を必要とする」が、「その過程もまた、国民に根ざした司法を実現する上で、大きな意義を有する」のであり、「このような長期的な視点に立った努力の積み重ねによって、我が国の実情に最も適した国民の司法参加の制度を実現していくことができる」と。

（根本信義）

MEMO

MEMO

MEMO

執筆者略歴

(50音順)

大谷　惣一（おおたに・そういち）

〔略　　歴〕　2003年弁護士登録（第二東京弁護士会）、マックス法律事務所入所、2005年森濱田松本法律事務所入所、2007年シュエット法律事務所開設、日本弁護士連合会市民のための法教育委員会委員、2014年和歌山弁護士会に登録替え、大谷美都夫法律事務所入所

〔主な著書〕　共著『教室から学ぶ法教育』（現代人文社・2010年）、共著『退職金切り下げの理論と実務』（信山社・2010年）、共著『企業のうつ病対策ハンドブック』（信山社・2011年）　ほか

伊達　有希子（だて・ゆきこ）

〔略　　歴〕　2007年弁護士登録（第一東京弁護士会）、2010年日本弁護士連合会市民のための法教育委員会委員、2013年関東弁護士会連合会法教育委員会副委員長、2013年法と教育学会監事（現在）、2014年東京都労働委員会事務局勤務（特定任期付き職員。現在）

〔主な著書〕　共著『賃金・賞与・退職金の実務Q&A』（三協法規出版・2011年）、共著『これからの法教育——さらなる普及に向けて』（現代人文社・2011年）

根本　信義（ねもと・のぶよし）

〔略　　歴〕　1996年弁護士登録（茨城県弁護士会）、1998年根本信義法律事

務所開設、2003年日本弁護士連合会市民のための法教育委員会委員（現在。前副委員長）、茨城県弁護士会市民のための法教育委員会委員（現在）、2006年筑波大学教授（現在）、2010年法と教育学会理事（現在）、2013年茨城県選挙管理委員（現在）

〔主な著書〕 共著『法教育──21世紀を生きる子どもたちのために』（現代人文社・2002年）、単著『はじめての法教育──みんなでくらすために必要なこと③ルールってなんだろう』（岩崎書店・2007年）、共著『教室が白熱する"身近な問題の法学習"15選』（明治図書出版・2009年）　ほか

〔主な論文〕 「裁判員制度の未来を担う子どもたちへ──法教育の現状と課題」自由と正義2009年3月号51頁、「小学生に対する法教育──法の日イベント授業から見えてきたもの」自由と正義2011年3月号52頁　ほか

村松　剛（むらまつ・つよし）

〔略　歴〕 2000年弁護士登録（横浜弁護士会）、2004年佐藤・村松法律事務所開設、日本弁護士連合会市民のための法教育委員会事務局長（現在）、横浜弁護士会法教育委員会委員長（現在）、法務省法教育推進協議会委員（現在）、法と教育学会理事（現在）

〔主な著書〕 共著『法教育──21世紀を生きる子どもたちのために』（現代人文社・2002年）、共著『社会の変化等に対応した新たな教育課題等に関する調査研究報告書』（全国教育研究所連盟・2006年）、共著『教室が白熱する"身近な問題の法学習"15選』（明治図書・2009年）、共著『教室から学ぶ法教育』（現代人文社・2010年）

〔主な論文〕 「自由で公正な社会を目指して──弁護士会における近時の取

り組みについて」法律のひろば平成22年6月号27頁、「法教育の考え方と実践」法の科学43号168頁

〔その他〕 帝国書院 HP「〈特集〉法教育教材集」（中学校先生のページ・教材研究・実践例）〈https://www.teikokushoin.co.jp/teacher/junior/ko_index.html〉

渡邊　昌秀（わたなべ・まさひで）

〔略　　歴〕 2004年弁護士登録（千葉県弁護士会）、さくら綜合法律事務所入所、2007年向井法律事務所パートナー、日本弁護士連合会市民のための法教育委員会委員、千葉県弁護士会法教育委員会委員（現在）　ほか

〔主な著書〕 共著『慰謝料算定の実務〔第2版〕』（ぎょうせい・2013年）

裁判例を活用した法教育実践ガイドブック

平成26年11月13日　第1刷発行

定価　本体1,800円＋税

編　　者　法と市民をつなぐ弁護士の会
発　　行　株式会社　民事法研究会
印　　刷　株式会社　太平印刷社

発行所　株式会社　民事法研究会
　　　〒150-0013　東京都渋谷区恵比寿3-7-16
　　　〔営業〕TEL 03(5798)7257　FAX 03(5798)7258
　　　〔編集〕TEL 03(5798)7277　FAX 03(5798)7278
　　　http://www.minjiho.com/　info@minjiho.com

落丁・乱丁はおとりかえします。　ISBN978-4-89628-979-4　C0032　¥1800E
カバーデザイン　鈴木　弘

■労働法教育のテキストとして最適の1冊！■

出張授業！
働く前の労働法教室

仙台弁護士会　編

Ａ５判・193頁・定価 1,575円（税込　本体 1,500円）

▷▷▷▷▷▷▷▷▷▷▷▷▷▷　**本書の特色と狙い**　◁◁◁◁◁◁◁◁◁◁◁◁◁◁

▶生徒にとっても労働法が身近に感じられ、かつ、先生がわかりやすく労働法教育を行うことができるように工夫されたテキスト！

▶主に高校生や大学生を対象として、仕事に就く前に知っておきたい労働者の権利などについて、事例を紹介しながら、イラストを交えてわかりやすく解説！法律を専門に学んでいない方が読んでも理解しやすい！

▶仙台弁護士会が行ってきた労働法出前授業の成果を踏まえ、高校や大学における労働法教育の指針を明示！　労働法教育を実践しようとする教師にとって使いやすいテキスト！

▶寸劇を交えた講義を前提として書かれた軽妙なシナリオから問題点を整理して解説を施しているため、実践的な労働法の理解が得られる！

▶学校で労働法教育を実践しようとする教員、出張授業をする実務家、就職前に労働法を学ぼうとする高校生・大学生にとって有用な1冊！

本書の主要内容

第１章　労働法教育のススメ
第２章　労働法教育実践例〜教師と弁護士の取組み〜
　1．労働法教育に取り組む現役高校講師へのインタビュー
　2．弁護士による労働法講義実践例
第３章　事例で学ぼう！〜こんなときどうなるの？〜
　　採用時の労働条件と実際の労働条件が違っていたら？／会社の業績不振を理由に内定の取消しが認められるか？／従業員の不注意で会社の備品を壊してしまった場合にその分を給料から差し引くことができるか？／仕事が終わっていないと残業をしなければならないか？／社内恋愛禁止規定に違反した解雇は許されるか？／パート労働者には正社員のような権利はないのか？　　ほか

発行　民事法研究会

〒150-0013　東京都渋谷区恵比寿3-7-16
（営業）TEL. 03-5798-7257　FAX. 03-5798-7258
http://www.minjiho.com/　　info@minjiho.com